Kauderwelsch
Band 1

Foto: Gunda Urban

"Hello Mister" (Sumatra)

Impressum

Gunda Urban
Indonesisch — Wort für Wort
erschienen im Reise Know-How Verlag Peter Rump GmbH
Osnabrücker Str. 79, D-33649 Bielefeld
info@reise-know-how.de

19. Auflage 2018

Bearbeitung Claudia Schmidt
Layout Christine Schönfeld
Layout-Konzept Günter Pawlak, FaktorZwo! Bielefeld
Umschlag Peter Rump
Kartographie Iain Macneish
Fotos Gunda Urban, Bettina David, Daniel Krasa
Druck und Bindung Media-Print Informationstechnologie GmbH, Paderborn

ISBN: 978-3-8317-6521-8
Printed in Germany

Wer im Buchhandel kein Glück hat, bekommt unsere Bücher zuzüglich Porto- und Verpackungskosten auch direkt über unseren Internet-Shop: ***www.reise-know-how.de***

Die Internetseiten mit Aussprachebeispielen und der Zugriff auf diese über QR-Codes sind eine freiwillige, kostenlose Zusatzleistung des Verlages. Der Verlag behält sich vor, die Bereitstellung des Angebotes und die Möglichkeit der Nutzung zeitlich und inhaltlich zu beschränken. Der Verlag übernimmt keine Garantie für das Funktionieren der Seiten und keine Haftung für Schäden, die aus dem Gebrauch der Seiten resultieren. Es besteht ferner kein Anspruch auf eine unbefristete Bereitstellung der Seiten.

Der Verlag möchte die **Reihe Kauderwelsch** weiter ausbauen und **sucht Autoren!** Mehr Informationen finden Sie unter ***www.reise-know-how.de/verlag/mitarbeit***

Kauderwelsch

Gunda Urban

Indonesisch

Wort für Wort

Lain desa – lain adat,
lain sawah – lain belalang.
Anderes Dorf – andere Tradition,
anderes Reisfeld – andere Heuschrecke.
(indonesisches Sprichwort)

Kauderwelsch heißt:

- Schnell mit dem **Sprechen** beginnen, auch wenn nicht immer alles korrekt ist.
- Von der **Grammatik** wird nur das Wichtigste in einfachen Worten erklärt.
- Alle Beispielsätze werden doppelt ins Deutsche übertragen: erst **Wort-für-Wort,** dann in normales Deutsch. Die Wort-für-Wort-Übersetzung hilft, die neue Sprache schneller zu durchschauen, außerdem lassen sich dadurch leichter einzelne Wörter im fremdsprachigen Satz austauschen.
- Es geht um die **Alltagssprache,** also das, was man tatsächlich auf der Straße hört.
- Die **Autoren** sind entweder Reisende, die die Sprache im Land selbst gelernt haben oder Muttersprachler.

Kauderwelsch-Sprachführer sind keine Lehrbücher, aber viel mehr als traditionelle Reisesprachführer. Wer ein wenig Zeit investiert, einige Vokabeln lernt und die Sprache im Land anwendet, wird **Türen öffnen,** ein Lächeln ins Gesicht zaubern und reichere Erfahrungen machen.

Talk to each other!

Kauderwelsch zum Anhören

Einzelne Sätze und Ausdrücke aus diesem Buch können Sie sich **kostenlos anhören.** Diese **Aussprachebeispiele** erreichen Sie über die im Buch abgedruckten QR-Codes oder diese Adresse: www.reise-know-how.de/kauderwelsch/001.

Die Aussprachebeispiele im Buch sind Auszüge aus dem umfassenden Tonmaterial, das unter dem Titel **„Kauderwelsch Aussprachetrainer Indonesisch"** separat erhältlich ist – als Download über Online-Hörbuchshops (ISBN 978-3-95852-053-0) oder als CD im Buchhandel (ISBN 978-3-95852-303-6). Beide Versionen erhalten Sie auch über unsere Internetseite:

- **www.reise-know-how.de**

Alle Sätze, die Sie auf dem Aussprachetrainer hören können, sind in diesem Buch mit einem 👂 gekennzeichnet.

Inhalt

Grammatik

Konversation

Anhang

Foto: Gunda Urban

Brahmane auf Bali

Vorwort

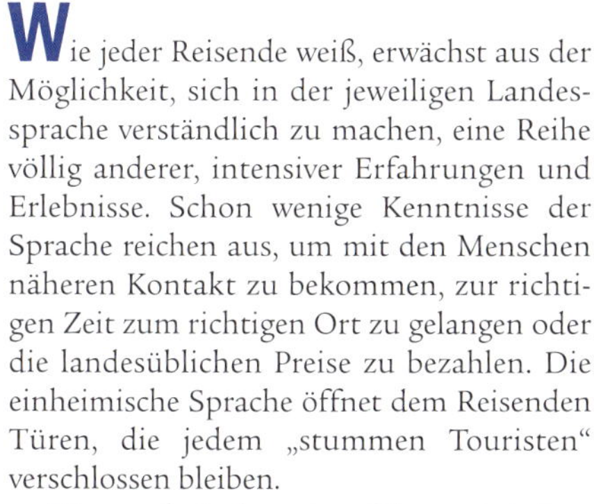

Wie jeder Reisende weiß, erwächst aus der Möglichkeit, sich in der jeweiligen Landessprache verständlich zu machen, eine Reihe völlig anderer, intensiver Erfahrungen und Erlebnisse. Schon wenige Kenntnisse der Sprache reichen aus, um mit den Menschen näheren Kontakt zu bekommen, zur richtigen Zeit zum richtigen Ort zu gelangen oder die landesüblichen Preise zu bezahlen. Die einheimische Sprache öffnet dem Reisenden Türen, die jedem „stummen Touristen" verschlossen bleiben.

Wer nach Indonesien fährt, wird feststellen, dass außerhalb der Touristenzentren kaum noch Englisch gesprochen wird. Ein freundliches Hello Mister! und May I introduce myself? in fließendem Englisch erwecken die Hoffnung auf ein intensives Gespräch. In den meisten Fällen ist damit aber auch der englische Wortschatz des Gesprächspartners erschöpft.

In nicht-touristischen Gegenden ist es ratsam, wenigstens ein Minimum der Sprache zu beherrschen, wenn man nicht nur stumm lächelnd vor den Bewohnern stehen will. Das ist der Grund, aus dem dieses Büchlein gemacht wurde. Besonders in Indonesien mit seinen Hunderten von Sprachen und Dialekten hilft dem Reisenden dieser

Sprachführer, sich in der nationalen Sprache Bahasa Indonésia verständlich zu machen.

Der Schwerpunkt dieses Buches liegt auf der Vermittlung effektiver Kommunikation und einer übersichtlichen Darstellung der Grammatik, auf Grammatikballast wird so weit wie möglich verzichtet. Wer die indonesische Sprache lernen will, um sich überhaupt erst einmal verständlich zu machen, wird feststellen, dass er bereits mit einem Minimum an Grammatik auskommt und eigentlich fast sofort mit dem Kommunikationsteil beginnen kann. Wenn Fragen auftauchen, reicht es auch, später noch einmal in der Grammatik nachzuschlagen.

Wichtig ist, dass man versteht und verstanden wird, weniger, ob der gesprochene Satz grammatikalisch einwandfrei ist.

Hinweise zur Benutzung

Der Kauderwelsch-Band „Indonesisch – Wort für Wort" ist in drei wichtige Abschnitte gegliedert:

Grammatik

Die Grammatik beschränkt sich auf das Wesentliche und ist so einfach gehalten wie möglich. Deshalb sind auch nicht sämtliche Ausnahmen und Unregelmäßigkeiten der Sprache erklärt. Wer nach der Lektüre gerne noch tiefer in die Grammatik der indonesischen Sprache eindringen möchte, findet im

Anhang einige Tipps zum Weiterlernen. Natürlich kann man die Grammatik auch überspringen und sofort mit dem Konversationsteil beginnen. Wenn dann Fragen auftauchen, kann man immer noch in der Grammatik nachsehen.

Konversation

Im Konversationsteil finden Sie Sätze aus dem Reisealltag, die Ihnen einen ersten Eindruck davon vermitteln sollen, wie die indonesische Sprache „funktioniert" und die Sie auf das vorbereiten sollen, was Sie später in Indonesien hören werden. Sie können die Beispielsätze als Fundus von Satzschablonen und -mustern benutzen, die Sie selbst Ihren Bedürfnissen anpassen. Um Ihnen das zu erleichtern, ist ein erheblicher Teil der Beispielsätze nach allgemeinen Kriterien geordnet („begrüßen", „verabschieden", „bitten", „danken", usw.). Mit einem kleinen bisschen Kreativität und Mut können Sie sich neue Sätze „zusammenbauen", auch wenn das Ergebnis nicht immer grammatikalisch perfekt ausfällt.

Wort-für-Wort-Übersetzung

Jede Sprache hat ein typisches Satzbaumuster. Um die sich vom Deutschen unterscheidende Wortfolge indonesischer Sätze zu verstehen, ist die Wort-für-Wort-Übersetzung in *kursiver* Schrift gedacht. Jedem indonesischen Wort entspricht ein Wort in der Wort-für-Wort-Übersetzung. Wird ein indonesisches Wort im Deutschen durch zwei Wörter übersetzt, werden diese zwei Wörter in der Wort-für-Wort-Übersetzung mit einem Bindestrich verbunden:

Hinweise zur Benutzung

Ada kamar?
es-gibt Zimmer
Gibt es ein Zimmer?

Werden in einem Satz mehrere Wörter angegeben, die man untereinander austauschen kann, steht ein Schrägstrich zwischen diesen:

Ada kamar / losmén?
es-gibt Zimmer / Losmen
Gibt es ein Zimmer / eine Pension?

Wörterlisten Die Wörterliste am Ende des Buches enthält einen Wortschatz von je ca. 1.000 Wörtern Deutsch-Indonesisch und Indonesisch-Deutsch, mit denen man schon eine ganze Menge anfangen kann.

Umschlagklappen Die Umschlagklappen helfen, die wichtigsten Sätze und Formulierungen schnell parat zu haben. Außerdem finden sich hier die wichtigsten Angaben zur Aussprache sowie Informationen zur Pränasalierung und indonesischen Rechtschreibung, weiterhin eine kleine Liste der wichtigsten Fragewörter, Richtungs- und Zeitangaben. – Wer ist nicht schon einmal aufgrund missverstandener Gesten im fremden Land auf die falsche Fährte gelockt worden? Aufgeklappt ist der Umschlag eine wesentliche Erleichterung, da nun die gewünschte Satzkonstruktion mit dem entsprechenden Vokabular aus den einzelnen Kapiteln kombiniert werden kann.

air panas = Wasser heiß = heiße Quelle

Wenn alles nicht mehr weiterhilft, dann ist vielleicht „Nichts verstanden? – Weiterlernen!“ der richtige Tipp. Es befindet sich ebenfalls im Umschlag, stets bereit, mit der richtigen Formulierung für „Ich verstehe leider nicht.“ oder „Können Sie das bitte wiederholen?“ auszuhelfen.

Seitenzahlen

Um Ihnen den Umgang mit den Zahlen zu erleichtern, ist auf jeder Seite die Seitenzahl auch auf Indonesisch angegeben!

Karte von Indonesien

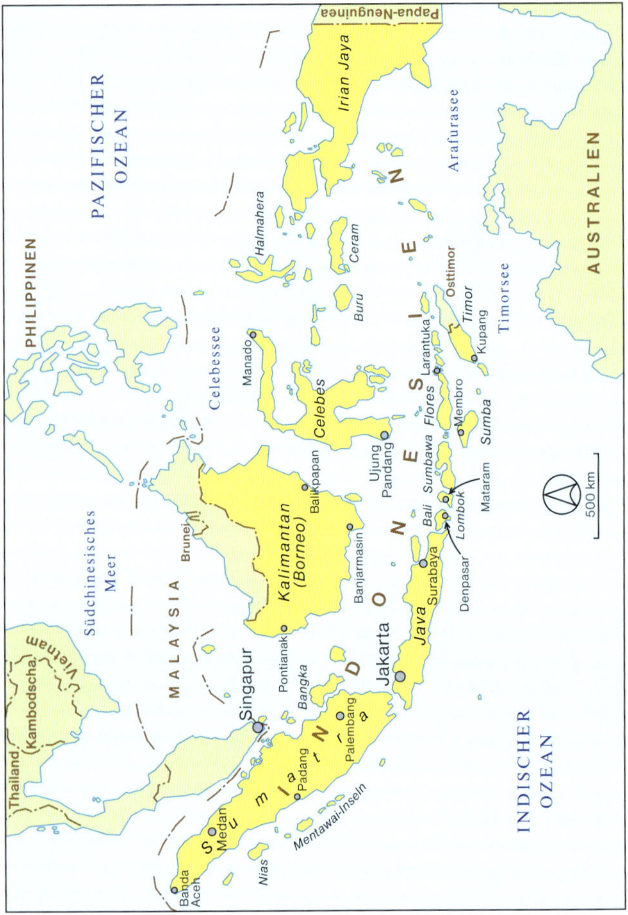

Über die Sprache Bahasa Indonésia

Die Republik Indonesien ist nicht nur reich an Inseln (ca. 13.500), sondern auch an unterschiedlichsten Völkern und Volksgruppen. Über 250 verschiedene Sprachen, von Dialekten einmal ganz abgesehen, werden heute in Indonesien gesprochen. Die wichtigsten sind u.a. Javanisch, Sundanesisch, Maduresisch, Makassar, Balinesisch.

Aber ein moderner Staat braucht eine einheitliche Kommunikationsmöglichkeit. Als man 1945 die Unabhängigkeit ausrief, hätte man Niederländisch zur Nationalsprache machen können; mit den ehemaligen Kolonialherren wollte man jedoch nichts mehr gemein haben. Schon 1928 hatte der zweite Indonesische Jugendkongress erstmals eine einheitliche Nationalsprache gefordert: „Satu nusa, satu bangsa, satu bahasa." – „Ein Land, ein Volk, eine Sprache." Und daran erinnerte man sich nun: Bahasa Indonésia wurde zur Nationalsprache erklärt.

Diese „Sprache Indonesiens" ist eine Mischung unterschiedlichster Sprachen, basiert aber größtenteils auf der Handelssprache Malayu kuno, die über Jahrhunderte im gesamten Archipel verstanden und gesprochen wurde, von Malaysia bis Sulawési. Sprachwissenschaftlich gehört die Bahasa Indonésia, wie auch Bahasa Malayu, die Nationalsprache Malaysias, zur Familie der „austronesischen Sprachen", wie auch z. B. Maori, Tagalog, Madagassisch oder

Hawaiisch. Allerdings ist es kaum eine „Muttersprache", sondern wird in der heutigen Form fast überall als Zweitsprache erlernt. In allen indonesischen Schulen ist sie neben der jeweiligen Muttersprache Pflichtfach ab dem 1. Schuljahr.

So kann es passieren, dass es in abgelegenen Gegenden, in denen die Leute nicht zur Schule gegangen sind, selbst mit der Nationalsprache Verständigungsschwierigkeiten gibt. Allerdings muss zumindest der Bürgermeister Bahasa Indonésia sprechen, sonst hätte er sein Amt nicht bekommen können.

Ursprünglich benutzte man die niederländische Schreibweise des Indonesischen; aber auch dieses letzte Sprachrelikt der Kolonialzeit wurde abgeschafft: 1972 wurde eine Rechtschreibreform durchgeführt, seither werden die Wörter in Malaysia und Indonesien gleich geschrieben.

Da sich auch Vokabeln und Grammatik der jeweiligen Landessprache kaum unterscheiden, ist die Verständigung mit Bahasa Indonésia auch in Malaysia fast problemlos, obwohl dort der Anteil der Leute, die Englisch sprechen, viel größer ist.

Bei der Beschäftigung mit der indonesischen Sprache ist vor allem zu beachten, dass man die klassischen Grammatikkategorien, wie Hauptwörter, Eigenschaftswörter, Tätigkeitswörter etc. streng genommen nicht exakt auf die indonesische Sprache anwenden kann. Ein indonesisches Wort kann beispielsweise im

Deutschen mit einem Tätigkeitswort und einem Hauptwort übersetzt werden: hujan - „Regen, regnen“. Die jeweilige grammatikalische Bedeutung ergibt sich aus dem Satzzusammenhang. Für eigentlich alle Eigenschaftswörter gilt, dass man sie im Deutschen mit einem Eigenschaftswort, sakit – „krank“, oder mit einem Tätigkeitswort – „krank sein“ übersetzen kann.

Für diesen Kauderwelsch-Band wurden im Grammatikteil dennoch die klassischen Grammatikbezeichnungen verwendet. Man sollte sich jedoch nicht wundern, wenn in der Wort-für-Wort-Übersetzung das gleiche Wort mal als Hauptwort, mal als Tätigkeitswort etc. übersetzt wird oder in einem anderen Zusammenhang auch eine ganz andere Bedeutung hat.

Bevölkerungsanteile verschiedener Muttersprachen in Indonesien

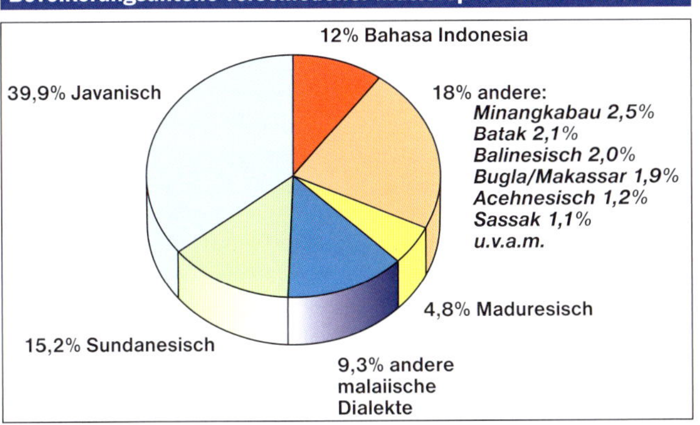

Aussprache & Betonung

Schon kleine Aussprachefehler können zu großen Missverständnissen führen, weil Wörter und Sätze plötzlich eine völlig andere Bedeutung bekommen können. Falls es hier zu Verständigungsproblemen kommt, sollte man den Satz einfach ein paar Mal mit unterschiedlichen Betonungen wiederholen.

In der Regel werden die Selbstlaute und Mitlaute wie im Deutschen ausgesprochen. Lediglich die folgenden werden mitunter anders als im Deutschen ausgesprochen.

c	wie „tsch" in „Ma**tsch**" (alte Schreibweise: **tj**) **cinta** (Liebe)
e	unbetontes „e" wie in „End**e**", wird häufig ganz verschluckt. **b(e)rapa?** (wie viel?)
é	betontes „e" wie in „L**e**ben"; d. h. das **e** wird gesprochen. **sepéda** (Fahrrad)
è	wird ausgesprochen wie bei „**E**ssen" (ein geschlossenes „e"), **tèh** (Tee)
h	am Wortanfang immer gesprochen, in der Wortmitte und am Wortende nur leicht gehaucht **harus** (müssen), **Tuhan** (Gott), **tujuh** (sieben)
j	stimmhaftes „dsch" wie in „**Dsch**ungel", (alte Schreibweise: **dj**), **Jakarta**

k	am Wortende kaum hörbar, sonst wie „k“ in „**K**ind“ **kosong** (leer), **anak** (Kind)
kh	rauhes „ch“ wie in „la**ch**en“ (alte Schreibweise: **ch**) **akhir** (Ende)
ng	nasaliertes „ng“ wie in „gi**ng**“ (das „g“ ist nicht zu hören!) **datang** (kommen)
ngg	wie in „ng“ + „g“ in „A**ng**elika“ **tanggal** (Datum)
ny	klingt wie „nj“ in „So**nj**a“ (alte Schreibweise: **nj**) **nyonya** (Frau)
o	langes, geschlossenes „o“ wie in „r**o**t“ **toko** (Laden) kurzes, offenes „o“ wie in „M**o**tte“ **botol** (Flasche)
p	wird oft statt „f“ gesprochen (**f** kommt nur in Fremdwörtern vor), z. B. **pilem** (Film) statt **film**
r	rollendes Zungen-r: **rumah** (Haus)
s	stimmloses „s“ wie in „Bu**s**“ **surat** (Brief)
u	wie dt. „u“ , (alte Schreibweise: **oe**) **pintu** (Tür)
w	Halblaut zwischen „u“ und „w“, wie engl. „w“ in „**w**ater“ **waktu** (Zeit)
y	wie das deutsche „j“ in „**J**äger“ (alte Schreibweise: **j**) **yang** (welche, -er)

Aussprache & Betonung

Die Doppellaute werden zum Teil wie im Deutschen, zum Teil aber auch getrennt gesprochen:

ma'af *kann auch* maaf *geschrieben werden.*

Ausnahme: in air *„Wasser" wird „a-i" getrennt gesprochen.*

aa	getrennt gesprochen (mit Stimmabsatz), kein langes „a"! **ma'af** (Entschuldigung)
ae	getrennt gesprochen (mit Stimmabsatz), kein „ä"! **daérah** (Gebiet, Region)
ai	wie deutsches „ei" in „m**ei**n", am Wortende oft wie „äi" **kain** (Stoff), **pantai** (Strand)
ue	nicht wie „ü", sondern nacheinander gesprochen, jedoch nicht getrennt **kuè** (Kuchen, Gebäck)

Bei kea, kee, kei, keu liegen keine Doppellaute vor! Hier werden die Selbstlaute getrennt gesprochen, da es sich bei ke- um eine Vorsilbe handelt.

ke-adaan	Zustand
ke-emasan	vergoldet
ke-indahan	Schönheit
ke-ulatan	Ausdauer

Alle anderen Doppellaute wie au, ia, iu, io, oi, ua werden wie im Deutschen ausgesprochen.

Normalerweise wird die vorletzte Silbe betont: datang „kommen“ oder nasi „Reis“. Enthält die vorletzte Silbe aber ein „stummes e“, betont man im Allgemeinen die letzte Silbe: kecil „klein“. Wird das e gesprochen, ist es mit Akzent (è) oder (é) gekennzeichnet. Die Betonung der Lehnwörter bleibt weitestgehend erhalten: politík „Politik“, gubernúr „Gouverneur“.

Im Gespräch oder durch Zuhören bekommt man ziemlich schnell ein Gefühl dafür, wann etwas zu betonen ist, später geht's dann automatisch.

In der Regel wird alles klein geschrieben. Ausnahmen: Der Satzanfang sowie Eigennamen werden groß geschrieben.

Foto: Gunda Urban

Heimfahrt vom Markt, Nusa Penida

Wörter, die weiterhelfen

Ada bezeichnet das Vorhandensein einer Person oder Sache und heißt wörtlich „da ist/sind" bzw. „es gibt". Die Satzstellung bei einer Frage ist wie im Deutschen:

Ada kamar?
es-gibt Zimmer
Gibt es ein Zimmer?

Ada losmén?
es-gibt Pension
Gibt es eine Pension?

Das ist zwar nicht immer korrektes Indonesisch, aber jeder wird es verstehen.

Man kann beispielsweise auch einsetzen:

tèh	Tee	**makanan**	Essen
kopi	Kaffee	**minuman**	Getränk(e)

Wichtig ist es natürlich auch, Transportmittel zu finden und ausdrücken zu können, wo man hin will.

Ada bis ke Jakarta?
es-gibt Bus nach Jakarta
Gibt es einen Bus nach Jakarta?

apotik	Apotheke
doktèr	Arzt/Ärztin
setasiun	Bahnhof
bank	Bank
Kedutaan Besar	Botschaft
lapangan terbang	Flughafen
toko	Geschäft
hotèl	Hotel

rumah sakit	Krankenhaus
pasar	Markt
mésjid	Moschee
musium	Museum
pasar malam	Nachtmarkt
kantor polisi	Polizei(wache)
kantor pos	Post(gebäude)
rumah makan, réstoran	Restaurant
pompa bènsin	Tankstelle
télépon	Telefon
candi / mesjid	Tempel / Moschee
kamar kecil	Toilette
keréta api	Zug

Die Antworten auf diese Fragen können lauten:

Ya, ada.
ja, es-gibt
Ja, gibt es. /
Ja, habe ich.

Tidak ada.
nein es-gibt
Nein, gibt es nicht. /
Nein, habe ich nicht.

Oder es folgt ein unverständliches Kauderwelsch. Das macht nichts, mit dem nächsten Satz kann man seine Bedürfnisse klarstellen:

Saya mau ...	Ich möchte ... / will ... /
Saya perlu ...	Ich brauche ...

Saya mau kamar.
ich wollen Zimmer
Ich möchte/will ein Zimmer.

Saya perlu kopi.
ich nötig Kaffee
Ich brauche Kaffee.

... oder verneint:

Saya tidak mau ...
ich nicht wollen ...
Ich möchte / will nicht / kein ...

Saya tidak perlu ... Ich brauche nicht / kein ...
ich nicht nötig ...

Übrigens werden indonesische Tätigkeitswörter nicht gebeugt, so dass mau auch „du willst", „er / sie will" etc. bedeuten kann.

Di mana ada...? Wo gibt es ...?

Di mana ada setasiun bis?
in wo es-gibt Station Bus
Wo gibt es eine Busstation?

Bei der Antwort werden sicherlich ein, zwei oder schlimmstenfalls vier Himmelsrichtungen genannt. Indonesier benutzen nur sehr selten das uns vertraute kiri „links" oder kanan „rechts" für Wegbeschreibungen. Umso wichtiger ist es, verstärkt auf die Handzeichen zu achten und immer wieder verschiedene Leute

nach dem Weg zu fragen, denn die Antworten können höchst widersprüchlich ausfallen.

Nur Mut, in Indonesien kann man kaum verloren gehen, und wenn das Ziel erreicht ist, weiß man, dass Indonesisch gar nicht so schwer ist.

selatan	Süden	**barat**	Westen
utara	Norden	**timur**	Osten
kiri	links	**kanan**	rechts
langsung	geradeaus	**kembali**	zurück
jauh	weit	**dékat**	nah
dari	von	**sampai**	bis
di sini	hier	**di sana**	dort
ke sini	hierhin	**ke sana**	dahin
di dalam	drinnen	**di luar**	draußen
di atas	oben	**di bawah**	unten
di muka, di depan	vor	**di belakang**	hinten, hinter

di sebelah *heißt „neben".*

Berapa harga...? Wie viel kostet ...?

Berapa harga ini?
wie-viel Preis dies
Wie viel kostet dies?

Berapa harga kamar?
wie-viel Preis Zimmer
Wie viel kostet das Zimmer?

Hauptwörter

Das Hauptwort (Substantiv) bleibt in der Mehrzahl, abgekürzt „Mz", unverändert. rumah kann also „Haus, ein Haus, das Haus, Häuser" oder auch „die Häuser" heißen, das hängt vom Sinnzusammenhang ab.

Artikel, also „der, die, das, ein, eine, einer, eines", gibt es im Indonesischen nicht.

Darüber hinaus hat man die Möglichkeit, die Mehrzahl durch unbestimmte Mengenangaben oder Zahlwörter auszudrücken. Diese stehen meistens vor dem Hauptwort!

Saya mau banyak / sedikit makanan.
ich wollen viel / wenig Essen
Ich will viel / wenig Essen.

Werden Bezeichnungen allgemein verwendet, ist also nicht von einem bestimmten „Ding" die Rede, kann das Hauptwort verdoppelt werden. Aus mobil „Auto" wird so mobil-mobil „Autos". Einige Wörter erhalten dadurch jedoch übertragen einen ganz anderen Sinn:

mata	**mata-mata**
Auge	Spion
kuda	**kuda-kuda**
Pferd	unbeweglich, unverrückbar (wie ein stehendes Pferd)

Es gibt auch noch Hauptwörter, die nur in dieser verdoppelten Form existieren:

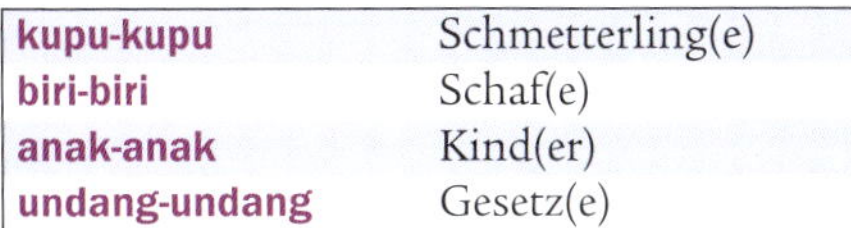

kupu-kupu	Schmetterling(e)
biri-biri	Schaf(e)
anak-anak	Kind(er)
undang-undang	Gesetz(e)

Der Grund dafür könnte sein, dass man beispielsweise Schafe niemals „alleine" antrifft!

zusammengesetzte Hauptwörter

Im Indonesischen werden Hauptwörter genau andersherum als im Deutschen zusammengesetzt:

pintu rumah	**doktèr rumah sakit**
Tür Haus	*Doktor Haus krank*
Haustür	Krankenhausarzt

Es gibt im Indonesischen Wortzusammensetzungen, die zu einem unveränderbaren Ausdruck oder Hauptwort geworden sind:

mata hari	**mata + hari**
Sonne	Auge + Tag
surat kabar	**surat + kabar**
Zeitung	Brief + Nachricht
sakit hati	**sakit + hati**
gekränkt, traurig	krank + Leber
besar mulut	**besar + mulut**
frech,unverschämt	groß + Mund

Geschrieben wird die Verdoppelung der Hauptwörter oft mit einer hoch- oder nachgestellten „2", z.B. gado² *oder* gado 2. *Gesprochen wird das Wort aber zweimal, also:* gado-gado *(Gemüsegericht mit Erdnusssoße). Auch bei Untertiteln im Kino und Fernsehen wird die hoch- oder nachgestellte „2", häufig benutzt.*

Eigenschaftswörter

Die Eigenschaftswörter (Adjektive) sind dem dazugehörigen Hauptwort nachgestellt. Würde der Satz „Ich möchte gebratenen Reis" wörtlich ins Indonesische übersetzt, saya mau gorèng nasi, bekäme er einen anderen Sinn, nämlich: „Ich möchte Reis braten."

Im indonesischen Sprachgebrauch ist nichts wirklich „schlecht", nichts ganz „falsch". Um das Gegenteil von Eigenschaftswörtern auszudrücken, wird diesem meist kurang *„weniger" vorangestellt:* kurang baik *„weniger gut",* kurang jujur *„weniger ehrlich". Das ist höflich und keiner der beiden Gesprächspartner verliert dabei sein Gesicht. Mit der Formulierung* kurang ajar *„weniger gebildet = unhöflich, grob, unverschämt" sollte man vorsichtiger sein, sie dient auch als schlimme Beleidigung.*

Saya mau nasi gorèng.
ich wollen Reis gebraten
Ich möchte gebratenen Reis.

dua rumah kecil
zwei Haus klein
zwei kleine Häuser

Benutzt man eine zusätzliche Mengenangabe, steht diese immer direkt vor dem Bezugswort.

banyak rumah besar
viel Haus groß
viele große Häuser

wichtige Eigenschaftswörter

baik	gut, lieb, schön (Dinge)
buruk, jelek	schlecht, verdorben; hässlich
bagus, indah	gut, schön (Dinge)
cantik	schön (Frauen)
besar - kecil	groß - klein
muda, baru	jung, neu
tua	alt

hangat, panas	warm, heiß
dingin	kalt
dekat – jauh	nah – weit entfernt
sakit – séhat	krank – gesund
mahal – murah	teuer – billig
kaya – miskin	reich – arm
kuat – lemah	stark – schwach
mudah – sukar	einfach – schwierig
èntèng – berat	leicht – schwer
penuh – kosong	voll – leer
lapar – kenyang	hungrig – satt
bèrsih – kotor	sauber – schmutzig
panjang, lama	lang (Ding), lange (Zeit)
pendèk	kurz
tinggi	hoch
rendah, dalam	niedrig, tief
cepat – lambat	schnell – langsam
berbahagia	glücklich
sedih	traurig
ménarik	interessant
bosan	langweilig
pintar – bodoh	klug – dumm
terang – gelap	hell, klar – dunkel, düster

Farben

berwarna	farbig
putih - hitam	weiß - schwarz
biru - hijau	blau - grün
jingga - cokelat	orange - braun
mérah - kuning	rot - gelb

Steigern & Vergleichen

Um ein Eigenschaftswort zu steigern, stellt man diesem für die 1. Steigerungsstufe lebih „mehr“ bzw. kurang „weniger“ oder für die 2. Steigerungsstufe paling „am meisten“ voran:

baik
schön
schön

lebih baik
mehr schön
schöner

kurang baik
weniger schön
weniger schön

paling baik
am-meisten schön
am schönsten, sehr schön

Um die 1. Steigerungsstufe noch zu verstärken, kann man lebih *das Eigenschaftswort* jauh *„weit“ voranstellen.*

Anjing itu yang paling hitam.
Hund jener welcher am-meisten schwarz
Dies ist der schwärzeste Hund.

Die 2. Steigerungsstufe kann man auch bilden, wenn man vor das Eigenschaftswort die Vorsilbe ter- stellt.

tinggi	hoch	**tertinggi**	am höchsten
mahal	teuer	**termahal**	am teuersten
murah	billig	**termurah**	am billigsten

mobil yang termurah
Auto welcher am-billigsten
das billigste Auto

Will man ausdrücken, dass zwei Dinge gleich sind, verwendet man das Wort seperti „wie".

Saya mau kain batik seperti ini.
ich wollen Stoff Batik wie dies
Ich möchte eine Batik wie diese.

Saya mau kain sarung lain.
ich wollen Stoff Sarong anderen
Ich möchte einen anderen Sarong.

Ungleichheit in Vergleichssätzen drückt man mit dari(pada) „von, als" oder di antara „zwischen" aus.

Kain ini lebih baik dari itu.
Stoff dieser mehr schön als jenes
Dieser Stoff ist schöner als jener.

Rumah ini kurang besar dari itu.
Haus dieses weniger groß als jenes
Dieses Haus ist kleiner als jenes.

Dia yang terpandai di antara semua murid.
er/sie welche/r am-klügsten in zwischen allen Schülern
Er/sie ist die Klügste von allen Schülern.

Fürwörter

Indonesier benutzen gerne und häufig die Anrede Bapak / Ibu, „Vater / Mutter", plus den Namen als persönliche Anrede an Stelle von „du / Sie".

Persönliche Fürwörter

saya	„ich"; gebräuchliche, neutrale Form
aku	„ich"; wird gegenüber Kindern, Verwandten oder engen Freunden benutzt
kamu, èngkau	„du"; sehr vertraulich, beide Anredeformen werden nur im Familien- und engen Freundeskreis benutzt
anda	„du, Sie"; neutrale, höfliche Anrede gegenüber Vorgesetzten, Fremden und entfernten Bekannten
dia, ia	„er, sie"
kami	„wir"; wenn der Angesprochene ausgeschlossen ist
kita	„wir"; wenn der Angesprochene miteinbezogen ist
kamu	„ihr"
merèka	„sie" (Mz)

Da es für uns Besucher häufig schwierig ist, die passende Anredeform zu finden, bedient man sich am besten des „neumodischen" Wortes anda.

Oft werden anstelle der persönlichen Fürwörter die folgenden Anreden benutzt.

Foto: Gunda Urban

Mädchen von Flores in ihren Trachten

Bapak	Vater, Herr
Ibu	Mutter
Nyonya	Frau
Nona	Fräulein
Adik	Bruder
Kakak	Schwester
Mas	Mann; Bruder

Diese Anredeformen stehen für das höfliche „Sie". Für Bapak, Ibu, Adik *und* Kakak *sind die Kurzformen* Pak, Bu, Dik, Kak *sehr gebräuchlich.*

Yu hört man in letzter Zeit immer häufiger. Es entspricht dem englischen *„you"*, wird aber ausschließlich westlichen Touristen gegenüber angewendet. Es sollte nicht als Anrede für Indonesier benutzt werden.

Beliau ist die höflichste Anrede überhaupt und wird gegenüber Ministern, Fürsten u.ä. verwendet. Vergleichbar ist es mit dem deutschen „Hochwohlgeboren".

Saudara bedeutet „Herr, Frau, Schwester" und wird vielfach als höfliches „Sie" benutzt.

Besitzanzeigende Fürwörter

Mit den persönlichen Fürwörtern bildet man auch die besitzanzeigende (possessive) Form. Das persönliche Fürwort steht immer direkt hinter dem Hauptwort, auf das es sich bezieht. „Ich“ erhält dann die Bedeutung „mein“.

nasi saya	**nasi anda**	**nasi saudara**
Reis ich	*Reis du*	*Reis Sie*
mein Reis	dein Reis	Ihr Reis
nasi dia	**nasi kami/kita**	**nasi meréka**
Reis er/sie	*Reis wir/wir*	*Reis sie*(Mz)
sein/ihr Reis	unser Reis	ihr Reis

Reisterassen

Foto: Gunda Urban

Im Folgenden werden die persönlichen Fürwörter in der Wort-für-Wort-Übersetzung wie besitzanzeigende Fürwörter übersetzt, wenn sie diese Funktion im jeweiligen Satz haben.

Saya makan nasi gorèng anda.
ich essen Reis gebraten dein
Ich esse deinen gebratenen Reis.

Um Besitz anzuzeigen, besteht bei einigen Fürwörtern die Möglichkeit, sie als Endung an das Hauptwort anzuhängen. Man muss allerdings auf alte Formen der persönlichen Fürwörter zurückgreifen. Die Endungen -ku, -mu und -kau werden allerdings nur bei vertrauten Personen benutzt.

rumah aku	**rumahku**	*Haus-mein*
rumah engkau	**rumahkau**	*Haus-dein*
rumah kamu	**rumahmu**	*Haus-dein*
rumah dia	**rumahnya**	*Haus-sein/-ihr*

Ebenfalls sehr gebräuchlich ist es, anstelle persönlicher Fürwörter Anreden einzusetzen. Dasselbe gilt auch, wenn man über den Besitz Dritter redet:

rumah nyonya *Haus Frau* ihr Haus

Dieses & Jenes

Ini „dies, -e, -er, -es" und **itu** „jenes, -e, -er" werden bei fast jeder Gelegenheit benutzt, z.B. um auf etwas Besonderes hinzuweisen oder auch, im Fall von **itu**, als „Artikel-Ersatz" für das deutsche „der, die, das".

Saya mau nasi ini.
ich wollen Reis dies
Ich möchte diesen Reis.

Saya mau makan ini.
ich wollen essen dies
Ich möchte dies essen.

Saya mau kain itu.
ich wollen Stoff jenes
Ich möchte jenen Stoff.

Apa ini?
was dies
Was ist dieses?

Apa itu?
was jenes
Was ist jenes?

Tätigkeitswörter

Der Vorteil indonesischer Tätigkeitswörter (Verben) liegt darin, dass sie nicht wie im Deutschen gebeugt werden. makan kann „ich esse, du isst, er isst" usw. heißen, je nachdem, welches persönliche Fürwort vorangestellt wird oder wie es sich aus dem Textzusammenhang ergibt. So kann durch das Tätigkeitswort alleine auch keine Zeit wie Zukunft oder Vergangenheit ausgedrückt werden.

Vor- & Nachsilben / Pränasalierung

Die indonesischen Tätigkeitswörter bergen allerdings eine andere Tücke, die man im Deutschen nur ansatzweise nachvollziehen kann, so können ihnen bestimmte Vor- und Nachsilben angehängt werden, die sie in charakteristischer Weise verändern; im Deutschen z. B. „fallen, verfallen, durchfallen, reinfallen". Gleichzeitig können dabei aus Tätigkeitswörtern auch Hauptwörter werden. Zum Beispiel:

makan	essen
di-makan	(wird) gegessen
ter-makan	irrtümlicherweise gegessen
makan-an	Essen, Speise
pe-makan	Esser, Fresser

Tätigkeitswörter

Die Liste der Vor- und Nachsilben ist lang, die möglichen Bedeutungsvarianten jeder Vorsilbe ebenfalls. Hinzu kommt, dass sie nicht nur für Tätigkeitswörter gelten, sondern dass aus Hauptwörtern auch Eigenschafts- oder Tätigkeitswörter werden können oder umgekehrt. Hier einige Beispiele:

Diese Liste ist als Hinweis darauf gedacht, wie variabel indonesische Tätigkeitswörter sind. Sie hilft auch, scheinbar unübersichtliche Wörter besser zu verstehen, da man Vor- und Nachsilben nun erkennen kann.

Vor-und Nachsilben		
me-...	**tangis**	**menangis**
	Tränen	weinen
be(r)-.../bel-	**...sepéda**	**bersepéda**
	Fahrrad	Rad fahren
pe-...	**curi**	**pencuri**
	stehlen	Dieb
	pukul	**pemukul**
	schlagen	Hammer
te(r)-...	**membuka**	**tèrbuka**
	öffnen	geöffnet
memper-...	**besar**	**mempèrbesar**
	groß	größer machen
me-...-i	**air**	**mengairi**
	Wasser	bewässern
me-...-kan	**bertanya**	**menanyakan**
	fragen	nach etw. fragen
	bèrsih	**membèrsihkan**
	sauber	sauber machen
...-an	**menjawab**	**jawaban**
	antworten	Antwort
	minggu	**mingguan**
	Woche	wöchentlich
pe(r)-...-an	**buat**	**perbuatan**
	machen, tun	Tat

In einigen Wörterbüchern werden alle möglichen Ableitungen unter dem „Basiswort" aufgeführt. In diesem Fall sollte man mit den Veränderungen, die nur die Vorsilben me- und pe- bewirken, vertraut sein. Deshalb an dieser Stelle eine Übersicht aller möglichen Veränderungen. Der erste Buchstabe in der folgenden Tabelle ist der Anfangsbuchstabe des „Basiswortes", an zweiter Stelle steht der „nasalierte" Buchstabe, wenn me- bzw. pe- vorangehen. Übrigens: „Nasalierung" bedeutet hier nicht, dass man Buchstaben nun wie im Französischen durch die Nase aussprechen muss, sondern dass lediglich die Buchstaben -m- oder -n(g) den Anfangsbuchstaben ergänzen oder ersetzen.

Wer sich eingehender mit dem System der indonesischen Vor- und Nachsilben beschäftigen möchte und wem die einfache Unterhaltung nicht mehr ausreicht, der sollte sich eine ausführliche Grammatik kaufen. Eine Bücherliste mit weiterführenden Lehr- und Wörterbüchern befindet sich im Anhang.

me- / pe- + ...		
a-	wird zu	-nga-
e-	wird zu	-nge-
i-	wird zu	-ngi-
o-	wird zu	-ngo-
u-	wird zu	-ngu-
b-	wird zu	-mb-
c-	wird zu	-nc-
d-	wird zu	-nd-
g-	wird zu	-ngg-
h-	wird zu	-ngh-
j-	wird zu	-nj-
k-	wird zu	-ng-
p-	wird zu	-m-
s-	wird zu	-ny-
t-	wird zu	-n-

Zum Glück jedoch werden die wichtigsten Tätigkeitswörter überwiegend in der „Grundform“ ohne Anhängsel verwendet. Und mit diesen kann man sich problemlos verständigen. Darüber hinaus entfallen die Vorsilben auch oft in der Umgangssprache.

Die wichtigsten einfachen Tätigkeitswörter

sampai *hat auch die Bedeutung „bis“.*	**tiba, sampai**	ankommen
	bangun, bangkit	aufstehen
	mandi	baden
	jaga	bewachen
	masuk	eintreten, untergehen
	ingat	(sich) erinnern
Sonne, Mond	**terbit**	erscheinen, aufgehen
	jatuh	fallen, hinfallen
	terbang	fliegen
	ikut, turut	folgen, teilnehmen
	pergi	gehen, fortgehen, abreisen
	menang	gewinnen
	percaya	glauben
	kawin, nikah	heiraten
	turun	hinabsteigen, fallen
auch: fahren mit	**naik**	hinaufgehen, -klettern
	kenal	kennen
	datang	kommen, ankommen
Straße Bein	**alan kaki**	laufen
	lari	laufen, rennen, fortlaufen
	hidup	leben
	jkeluar	nach draußen gehen
	tidur	schlafen

lihat	sehen
duduk	sitzen
main	spielen
minum	trinken
inggal	übrigbleiben, wohnen, sterben
pindah	umziehen, umsteigen
lupa	vergessen
hilang	verschwunden sein
tada	vorhanden sein
tahu	wissen, kennen, begreifen, fähig sein (etw. zu tun)
diam	wohnen, still sein
pulang	zurückgehen, heimkehren
kembali	zurückkehren, zurück

Sein & Haben

Das deutsche Hilfstätigkeitswort „haben" existiert ebenso wenig wie das Hilfstätigkeitswort „sein". Um „haben" im Sinne von „besitzen" auszudrücken, kann man ada „da ist / sind, es gibt" oder punya „besitzen" verwenden

Saya punya kamar.
ich besitzen Zimmer
Ich habe ein Zimmer.

Ada kamar?
es-gibt Zimmer
Gibt es / Haben Sie ein Zimmer?

Saya orang Jèrman.
ich Mensch deutsch
Ich bin Deutsche/r.

Ada hotèl.
es-gibt Hotel
Es gibt ein Hotel.

andere Hilfstätigkeitswörter

Die anderen Hilfstätigkeitswörter sind ebenfalls einfach. Sie werden, falls sie mit einem anderen Tätigkeitswort kombiniert werden, diesem vorangestellt.

pandai	es verstehen zu, klug
bolèh	dürfen
siap	fertig/bereit sein, etw. zu tun
sanggup	in der Lage sein
dapat	können, bekommen
bisa	können
suka	mögen, gerne tun
harus	müssen
usah, perlu	nötig sein, benötigen
mau	wollen, möchten
hendak, ingin	wünschen

Saya mau jalan-jalan.
ich wollen Weg-Weg
Ich will spazierengehen.

Dia bisa bernyanyi.
er/sie können singen
Er/sie kann singen.

Die Zeiten

Die Bildung von Zeiten ist im Indonesischen unkompliziert. Die verschiedenen Zeiten werden angezeigt durch konkrete Tages- und Zeitangaben (Montag, heute, gestern) oder durch relative Zeitangaben (soeben, gleich, noch, schon,). Zeitangaben stehen am Satzanfang und die Tätigkeitswörter bleiben unverändert!

Vergangenheit

waktu dulu	nahe Vergangenheit	*Zeit früher*
waktu itu	seit einiger Zeit	*Zeit jene*
tadi	zu der Zeit, als...	*vorher, soeben, gerade*
dari tadi	in früheren Zeiten	*von vorher*
tadi pagi	heute Morgen	*vorher morgens*
tadi malam	gestern Abend	*vorher abends*
setelah itu	danach	*nachdem das*
dulu, dahulu	früher, einstmals	*früher*
baru	eben erst, gerade	*neu*
habis, siap, selesai, sedia	abgeschlossene Handlung	*fertig*
hampir	fast, beinahe	*fast*
belum	noch nicht	*noch-nicht*
sebelum	bevor	*bevor*
pernah	schon einmal	*fertig*
belum pernah	noch niemals	*noch-nicht jemals*
setelah / sesudah	nachdem	
sudah, telah	schon begonnene Hdlg.	*bereits, schon*

Die Zeiten

Saya makan nasi.
ich essen Reis
Ich esse Reis.

Kemarin saya makan nasi.
gestern ich essen Reis
Gestern aß ich Reis.

Saya habis makan nasi.
ich fertig essen Reis
Ich habe den Reis aufgegessen.

Habis makan pergi.
fertig essen gehen
Nach dem Essen gehe ich.

Tadi saya makan nasi.
vorher ich essen Reis
Soeben habe ich Reis gegessen.

Gegenwart

hari ini	*Tag dieser*	heute
sekarang	*jetzt*	jetzt
seketika	*ein-Zeitpunkt*	sofort
sedang	*gerade etw. tun*	gerade
masih	*noch etw. tun*	noch
pada masa ini	*bei Zeit dieser*	gegenwärtig
dari dahulu	*von früher*	schon immer
selalu / selamanya	*stets*	fortwährend
berkali-kali	*öfters*	öfters
sering	*oft*	oft

Saya sedang makan.
ich gerade essen
Ich esse gerade.

Hari ini saya makan nasi.
Tag dies ich essen Reis
Heute esse ich Reis.

Zukunft

malam yang akan datang	kommender Abend
Abend welche werden (an)kommen	
bulan yang akan datang	nächsten Monat
Monat welche werden (an)kommen	
tahun yang akan datang	nächstes Jahr
Jahr welche werden (an)kommen	
minggu yang akan datang	nächste Woche
Woche welche werden (an)kommen	

Besok/lusa saya makan nasi.
morgen/übermorgen ich essen Reis
Morgen/übermorgen werde ich Reis essen.

kemudian	später, danach, dann nachher
hari kemudian	später, in Zukunft
nanti	nachher
hari nanti	später, in Zukunft
hendak	wünschen zu
mau	wollen, werden

Um die unbestimmte Zukunft auszudrücken, also wenn man sagen will, dass man etwas irgendwann tun möchte, verwendet man meistens akan, in der Wort-für-Wort-Übersetzung mit „werden“ übersetzt.

Mau hujan.
möchten regnen
Es wird regnen. (Es sieht nach Regen aus.)

Saya akan makan nasi.
ich werden essen Reis
Ich werde Reis essen. (irgendwann später)

Satzstellung

In der Regel entspricht die indonesiche Satzstellung der deutschen:

Subjekt *Satzgegenstand*	Prädikat *Satzaussage*	Objekt *Satzergänzung*
Saya	**mau**	**nasi.**
Ich	möchte	Reis.

Natürlich gibt es auch Ausnahmen. So wird eine Satzaussage mit zwei Tätigkeitswörtern nicht wie im Deutschen auseinander gerissen, und Eigenschaftswörter stehen immer hinter dem Hauptwort, auf das sie sich beziehen.

Saya mau makan nasi.
ich wollen essen Reis
Ich möchte Reis essen.

Saya mau makan nasi gorèng.
ich wollen essen Reis gebraten
Ich möchte gebratenen Reis essen.

tukang suling *Handwerker Flöte*= Flötenspieler

Saya mau makan nasi gorèng di rumah makan.
ich wollen essen Reis gebraten pos. Haus Essen
Ich möchte gebratenen Reis im Restaurant essen.

Hier nun ein etwas längerer Satz:

Saya mau makan nasi gorèng sekarang ...
ich wollen essen Reis gebraten jetzt ...
Ich möchte jetzt gebratenen Reis essen ...

... dan nanti saya mau minum minuman ini.
... und später ich wollen trinken Getränk dies
... und später dieses Getränk trinken.

Auffordern & Befehlen

Eine einfache Aufforderung kann man ausdrücken, indem man einfach die Aufforderungssilbe -lah an das Tätigkeitswort anhängt:

tutup	zumachen
Tutuplah!	Mach zu!

mari(lah) heißt so viel wie „komm her!", „Los!". Man stellt es an den Satzanfang und drückt somit einen Vorschlag aus, in den sich der Sprecher mit einbezieht. Durch saja „nur, doch" wird dieser Vorschlag abgeschwächt.

Das Aufforderungswort ayo *bedeutet das gleiche wie* mari(lah).

Marilah kita pergi!	Lasst uns gehen!
los! wir gehen	
Mari kita pergi saja!	Lasst uns doch
los! wir gehen nur	einfach gehen!
Ayo kita pulang!	Lasst uns nach
Na-los! wir heimgehen	Hause gehen!

Die Aufforderung, etwas nicht zu tun, drückt man mit jangan(lah) „unterlass!, nicht!" aus, das wie mari(lah) und ayo am Satzanfang steht.

Janganlah takut!	Sei nicht ängstlich!
nicht! Angst	
Janganlah anda pergi!	Geh(en Sie) nicht!
nicht! du/Sie gehen	
Jangan buang sampah!	Müll abladen
nicht! werfen Abfall	verboten!

Bindewörter

Bindewörter benutzt man wie im Deutschen:

tetapi, tapi	aber
waktu, bila, masa	als
sebelum - sejak	bevor - seit
sampai, hingga	bis
supaya (jangan)	damit (nicht)
yang	der/die/das, welche,-r,-s
karena itu	deswegen
sebilang waktu	jedesmal wenn
setelah, sesudah	nachdem
meskipun, walaupun (demikian)	obgleich
sehingga	so dass
untuk	um zu
dan - atau	und - oder
sedang, sementara	während
sebab, karena	weil
kalau, jika, jikalau	wenn, falls
atau ... atau pun ...	entweder ... oder ...
mana ... mana ...	sowohl ... als auch ...
tidak ... melainkan ...	nicht ... sondern ...

ukiran – Schnitzerei

Sesudah makan, saya perlu minum.
nachdem essen, ich benötige trinken
Nachdem ich gegessen habe, muss ich etwas trinken.

Saya tinggal, sebab mau minum.
ich bleiben, weil möchten trinken
Ich bleibe, weil ich trinken möchte.

Mèskipun mahal, saya akan beli ini.
obwohl teuer, ich werden kaufen dies
Obwohl es teuer ist, werde ich dies kaufen.

Fragen

Fragen, die man nur mit „ja" oder „nein" beantworten kann, also sogenannte Entscheidungsfragen, bildet man, indem man den Aussagesatz wie eine Frage ausspricht:

Mau tèh?
wollen Tee
Möchtest du Tee?

Mau minum?
wollen trinken
Möchtest du etwas trinken?

Anda senang di Indonésia?
du wohl-fühlen in Indonesien
Bist du gerne in Indonesien?

Umgangssprachlich wird gerne noch ein ya „ja?“ oder bukan „nicht, kein?“ an den Schluss des Satzes gestellt. Bei dieser Art der Fragestellung wird dann unbedingt eine positive Antwort erwartet.

Anda senang di Indonésia, bukan/ya?
du wohl-fühlen in Indonesien, nicht/ja
Du bist gerne in Indonesien, nicht wahr?

Desweiteren kann man Entscheidungsfragen mit apakah „was?“ am Satzanfang einleiten:

Apakah anda senang di Indonésia?
was-? du wohl-fühlen in Indonesien
Bist du gerne in Indonesien?

Apakah anda akan datang?
was-? du werden kommen
Wirst du kommen?

Weiterhin hat man die Möglichkeit, das, wonach man fragt, stärker zu betonen, indem man den entsprechenden Satzteil an den Satzanfang stellt und eventuell -kah anhängt.

-kah *wird in der Wort-für-Wort-Übersetzung durch „-?“ gekennzeichnet.*

Hasan sakit.
Hasan krank
Hasan ist krank.

Sakitkah Hasan?
krank-? Hasan
Ist Hasan *krank*?

Hasankah yang sakit?
Hasan-? welcher krank
Ist es Hasan, der krank ist?

Fragen

Die positive Antwort auf eine Entscheidungsfrage kann lauten:

Ya!	Ja!
Betul!	Richtig!
Benar!	Wahr!
Memang!	In der Tat!

Eine andere Möglichkeit ist es, das wonach gefragt wurde zu wiederholen und statt -kah die betonende Endung -lah anzuhängen.

-lah *wird in der Wort-für-Wort-Übersetzung mit „-!" gekennzeichnet.*

Sakitlah!	**Hasanlah!**
krank-!	*Hasan-!*
Ja, krank ist er!	Ja, Hasan ist es!

Sogenannte „Ergänzungsfragen" werden mit Fragewörtern eingeleitet, die am Satzanfang, aber auch am Satzende stehen können.

siapa?	wer?
(yang) mana?	welche(r, -s)?
apa?	was?
apa? *(nachgestellt)*	was für ein(e)?
apa gunanya?	wozu?
dengan apa?	womit?
untuk apa?	wofür?
dari apa?	woraus?
bagaimana?	Wie geht's?
berapa?	wie viel(e)?
mengapa?, kenapa?	warum?
mana bolèh?	wieso?

di mana?	wo?
dari mana?	woher?
ke mana?	wohin?
kapan?, bila?, bilamana?	wann?

Siapa nama?
wer Name
Wie heißt du?

Apa(kah) itu? / Itu apa?
was(-?) jenes / jenes was
Was ist das?

Buah apa itu?
Frucht was-für-eine jenes
Was ist das für eine Frucht?

Mau naik apa?
möchten fahren was
Womit möchtest du fahren?

Anda makan apa?
du essen was
Was isst du?

Apa artinya?
was Bedeutung -sein / -ihr
Was hat das für eine Bedeutung?

Siapa(kah) orang itu? / Orang itu siapa?
wer(-?) Mensch jenes / Mensch jenes wer
Wer ist jene Person?

Dia memanggil siapa?
er / sie rufen wer
Wen ruft er / sie?

Fragen

Kapan ada bis ke Jakarta?
wann es-gibt Bus nach Jakarta
Wann fährt ein Bus nach Jakarta?

Mit den Verhältniswörtern di, dari *und* ke *hat man auch vielfältige Möglichkeiten, Ortsangaben zu bilden (siehe auch im Kapitel „Verhältniswörter")*

Kapal mana mau ke Bali?
Schiff welcher wollen nach Bali
Welches Schiff geht nach Bali?

Mau ke mana?
wollen nach wo
Wohin willst du?

Di mana rumahnya?
Pos wo Haus-sein / -ihr
Wo ist sein Haus?

Dari mana bis ini?
von wo Bus dies
Woher kommt dieser Bus?

Siapa tahu!
wer wissen
Wer weiß!

Für einige Fragen, die im Deutschen mit dem Fragewort „wie?" formuliert werden, wird im Indonesischen berapa? „wie viel?" verwendet:

Berapa harga?
wie-viel Preis
Wie teuer?

Berapa harga ke Jakarta?
wie-viel Preis nach Jakarta
Wie teuer ist es bis nach Jakarta?

Jam berapa?
Stunde wie-viel
Wie spät ist es?

Berapa jam?
wie-viel Stunde
Wie lange?

Verneinung

Tidak verneint Eigenschaftswörter, Tätigkeitswörter und Hilfstätigkeitswörter:

tidak *„nicht, nein"*

Saya tidak mau makan.
ich nicht wollen essen
Ich möchte nicht essen.

Hari ini tidak ada hujan.
Tag dieser nicht es-gibt Regen
Heute regnet es nicht.

Ini tidak mahal.
dies nicht teuer
Dies ist nicht teuer.

Beachte: Die Antwort auf eine Frage mit Ada ... ? *lautet* Tidak ada. *„Es gibt nicht." oder* Ya ada. *„Es gibt." und nicht nur* tidak *oder* ya.

Sama sekali tidak! / Sekali-kali tidak!
zusammen ein-Mal nicht / einMal-Mal nicht
Ganz und gar nicht!, Überhaupt nicht!, Unter keinen Umständen!

Oftmals ist es höflicher, statt tidak die abgeschwächte Form kurang „weniger" zu wählen:

Itu kurang baik.
jenes weniger gut
Das ist weniger / nicht so gut.

Zur Aussprache von tidak: In einigen Gegenden verkürzt man das tidak auf tak oder ta. In anderen Regionen sagt man nda, im Jakarta-Dialekt nggak. Das „a" wird überall kurz gesprochen, wie in „ab". Das „k" hört man kaum.

Verneinung

Es wird sicherlich keine Schwierigkeit sein, herauszufinden, ob „ja“ ya oder „nein“ tidak, tida, da, nda, tak, ta gemeint ist.

bukan (nicht, kein)

Mit bukan werden ganze Sätze, Hauptwörter sowie persönliche und hinweisende Fürwörter verneint:

Ini bukan rumah.
dies kein Haus
Dies ist kein Haus.

Ini bukan nasi saya.
dies kein Reis mein
Dies ist nicht mein Reis.

Bukan ini, melainkan itu.
nicht dies, sondern jenes
Nicht dieses, sondern jenes.

belum (noch nicht) - sudah (schon)

Das Wörtchen belum scheint die gebräuchlichste Verneinung zu sein! Ich habe den Eindruck, dass es im Grunde keine Frage gibt, die man mit einem klaren „nein“ beantworten könnte. Für die folgenden Fragen beispielsweise passt belum auf jeden Fall ausgezeichnet als Antwort. Möchte man jedoch die Antwort bejahen, muss man an dieser Stelle sudah „schon“ sagen.

Sudah punya anak?
schon besitzen Kind
Hast du schon ein Kind?

Belum.
noch nicht
Noch nicht.

Sudah pernah ke Sumatra?
schon jemals nach Sumatra
Bist du schon in Sumatra gewesen?

Sudah dua kali.
schon zweimal
Schon zweimal.

häufige verneinte Floskeln

tidak ada	nicht haben, nicht da sein	*nicht es-gibt*
tidak bolèh	nicht dürfen, nicht möglich	*nicht dürfen*
tidak bisa	nicht können	*nicht können*
tidak berani	sich nicht trauen	*nicht mutig*
tidak harus	nicht müssen	*nicht müssen*
tidak mau	nicht wollen	*nicht wollen*
tidak punya	nicht haben/besitzen	*nicht besitzen*
tidak suka	nicht mögen, nicht gern haben	*nicht mögen*
tidak usah	nicht benötigen	*nicht nötig (sein)*

Jangan (nein, nicht)

Jangan wird ausschließlich benutzt, um einen negativen Befehl auszudrücken:

Jangan pergi!
nicht gehen
Geh' nicht!

Jangan buang sampah!
nicht! werfen Abfall
Müll abladen verboten!

Verhältniswörter

Die wichtigsten Verhältniswörter (Präpositionen) sind ke, di und dari. Hiermit hat man vielfältige Möglichkeiten, weitere Verhältniswörter zu bilden. Di drückt die Ortsangabe (Position = pos.) aus, ke die Richtung vom Sprecher weg und dari die Richtung zum Sprecher hin.

ke	zu, nach, bis, an, hin
untuk	für
di	in, auf, am, bei
sampai	bis (örtl. + zeitl.)
dari	von, seit, her
pada	in, an, auf, bei, zu
selain (dari)	außer
tanpa	ohne
sebagai ganti	anstatt
dengan	mit
tentang	über

Folgende Ortsangaben müssen mit di, ke oder dari kombiniert werden:

luar	außen
hadapan	Front
sini - situ/sana	hier - da / dort
belakang	hinter
dalam	innen
kiri/kanan	links/rechts
téngah	Mitte

sebelah	neben
atas	oben
segi/sisi	Seite
bawah	unten
muka	vorne
mana	wo
antara	zwischen

Kapal itu akan singgah di sana.
Schiff jenes wird einlaufen pos. dort
Das Schiff wird dort einlaufen.

Kapan kapal itu akan ke sana?
wann Schiff jenes wird nach dort
Wann wird das Schiff ablegen?

Keréta api ini ke Bandung?
Wagen Feuer dies nach Bandung
Geht diese Eisenbahn nach Bandung?

Lokèt di mana?
Schalter pos. wo
Wo ist der Schalter?

di pada	bei
ke sana	dorthin (nach dort)
di sini - di sana	hier - dort
di téngah	in der Mitte
di dalam	in, innerhalb
ke belakang	nach hinten
ke pada	nach / zu jemandem
di dekat	nah
di sebelah	neben

di atas	oben, auf
di bawah	unten, drunter
dari sana	von dort
di depan	vor
di antara	zwischen, mitten

Di situ ada kah juga kamar kecil?
in da es-gibt auch Zimmer klein
Gibt es dort auch eine Toilette?

Kain itu dari sutera.
Stoff jenes aus Seide
Dieser Stoff ist aus Seide.

Saya mau tampat duduk di sebelah pintu.
Ich möchte Platz sitzen pos. neben Fenster
Ich möchte einen Fenstersitz.

Ein Satz, den man ständig benötigt, ist:

Saya mau dari sini ke ...
Ich möchte von hier nach ...

tanpa (ohne)

kopi tanpa gula Kaffee ohne Zucker

Die sorgfältige Aussprache ist bei tanpa sehr wichtig, denn tambah heißt „plus" bzw. „mehr". Gerade beim Kaffeebestellen kann das unangenehm sein. Anstelle von gar keinem Zucker kann man leicht eine Überdosis in den Kaffee bekommen.

Zahlen & Zählen

Gerade der Reisende befindet sich ständig in Situationen, die mit Handeln, Kaufen und Bezahlen zu tun haben: im toko – „Geschäft", auf dem pasar – „Markt", im bis – „Bus", im losmèn – „Pension",, im rumah makan – „Restaurant", am warung – „Essensstand".

*In touristischen Gegenden ist es üblich, von Touristen mehr Geld zu verlangen als von Einheimischen. Dabei handelt es sich nicht nur um ein „Trinkgeld", sondern oftmals um einen 10- bis 100fachen Preis. Wer aber die Zahlen (*angka *= „die Zahl") kennt, kann bei Preisabsprachen zuhören oder durch Nachfragen bei Unbeteiligten den richtigen Preis herausfinden.*

0	**nol**	5	**lima**	10	**sepuluh**
1	**satu**	6	**enam**	11	**sebelas**
2	**dua**	7	**tujuh**	12	**dua belas**
3	**tiga**	8	**delapan**	13	**tiga belas**
4	**empat**	9	**sembilan**	14	**empat belas**
usw.					

20	**dua puluh**	
21	**dua puluh satu**	*(zwei -zig eins)*
30	**tiga puluh**	*(drei -zig)*
31	**tiga puluh satu**	*(drei -zig eins)*
40	**empat puluh**	*(vier -zig)*
50	**lima puluh**	*(fünf -zig)*
55	**lima puluh lima**	*(fünf -zig fünf)*
60	**enam puluh**	*(sechs -zig)*
	usw.	

100	**seratus**	*(ein-hundert)*
200	**duaratus**	*(zwei-hundert)*
300	**tigaratus**	*(drei-hundert)* usw.
1000	**seribu**	*(ein-tausend)*
2000	**dua ribu**	*(zwei Tausend)*
3000	**tiga ribu**	*(drei Tausend)*

Beachte:
satu *„eins" wird in Zusammensetzungen zu* se-*! Also* seribu *und nicht „satu ribu",* seratus *und nicht „satu ribu", etc.*

10.000	**sepuluh ribu**	*(zehn Tausend)*
100.000	**seratus ribu**	*(ein-hundert Tausend)*
1.000.000	**sejuta**	*(eine-Million)*

seratus enam puluh lima ribu tujuh ratus empat puluh tiga = 165.743

puluhan anjing *zig Hunde* ratusan ikan *hunderte Fische* ribuan orang *Millionen von Menschen*

- puluh	-zig	**- belas**	-zehn
- ratus	-hundert	**- ribu**	-tausend
juta	Million	**milliar(d)**	Milliarde

Umgangssprachlich werden sowohl 150 Rp. wie auch 1500 Rp. mit satu setèngah *„eins einhalb"* bezeichnet. 1150 Rp. heißen z.B. auch seribu satu seténgah *„tausend eins einhalb"*.

Die Vorsilbe se- hat mehrere Bedeutungen. Zum einen ist sie die abgekürzte Form für „eins" und verdoppelt kann sie Unbestimmtheit ausdrücken wie „irgendein".

seorang demi seorang	**seseorang**
ein-Mensch für ein-Mensch	*ein-ein-Mensch*
einer nach dem anderen	irgendeiner

kurang lebih / lebih kurang *bedeutet auch: „mehr oder weniger"*

Zahlenangaben kann man durch folgende voran gestellte Ausdrücke ungenau machen:

kira-kira	ungefähr
kurang lebih, lebih kurang	ungefähr, noch weniger
sekitar	etwa, ungefähr

Kira-kira dua ribu rupiah cukup.
ungefähr zwei tausend Rupien genug
2000 Rupien genügen ungefähr.

Bruchzahlen

1/2	**setèngah, separuh**	*eine-Hälfte*, einhalb
1/4	**seperèmpat**	*ein-für-vier*
3/4	**tiga perèmpat**	*drei für-vier*
1 1/2	**satu setèngah**	*eins eine-Hälfte*

Prozentzahlen

sepuluh persèn / sepuluh dalam seratus
zehn Prozent / zehn in ein-hundert
zehn Prozent

abgeleitete Zahlwörter

1.	**pertama**	erstens
2.	**kedua**	zweitens
3.	**ketiga**	drittens
4.	**keèmpat**	viertens usw.
1.	**yang pertama**	erste(r, -s)
2.	**yang kedua**	zweite(r, -s)
3.	**yang ketiga**	dritte(r, -s)
4.	**yang keèmpat**	vierte(r, -s)

Bis yang kedua.
Bus welcher zweitens
Der zweite Bus.

Tiga kali sehari ada bis.
drei Mal ein-Tag es-gibt Bus
Dreimal täglich gibt es einen Bus.

(untuk) pertama kali
(für) 1. Mal
zum ersten Mal

(untuk) kedua kali
(für) 2. Mal
zum zweiten Mal

sekali	einmal
dua kali	zweimal
tiga kali	dreimal
empat kali	viermal
berdua	zu zweit
bertiga	zu dritt
bersama	zusammen

Grundrechenarten

ditambah - (di)kurang(i)	plus - minus
kali - dibagi	mal - geteilt durch
sama dengan	ist gleich
jumlah	Summe

unbestimmte Mengenangaben

sedikit	wenig(e), ein bisschen
berbagai	allerlei, verschiedene
banyak	viel(e)
seluruh	der/die/das Ganze
beberapa	einige
semua, segala, sekalian	alle
tiap, setiap, masing masing	jede(r,-s)

Die meisten der unbestimmten Mengenangaben stehen vor dem Hauptwort, auf das sie sich beziehen. Banyak, sedikit sowie masing-masing können vor oder nach dem Hauptwort stehen.

Banyak uang.
viel Geld
Viel Geld

Setiap hari saya di sini.
jeden Tag ich pos. hier
Jeden Tag bin ich hier.

Kategoriewörter & Zählen

Wie fast alle Asiaten benutzen Indonesier in Verbindung mit Zahlen oft Kategoriewörter (Hilfszählwörter). Also nicht einfach nur gelegentlich „Stück" wie bei uns, sondern ein Wort, das den gezählten Gegenstand in Bezug auf seine Form oder Eigenschaft näher beschreibt. So sagt man im Indonesischen nicht „fünf Eier", sondern **lima butir telur** *„fünf Körner Eier"*, da Eier rund und relativ klein, eben so ähnlich wie Körner sind.

Opfergaben, Bali

Foto: Gunda Urban

Die Kategorie- oder Hilfszählwörter können nur teilweise auch als selbständige Hauptwörter verwendet werden.

Hier die wichtigsten:

orang	für Menschen	*Mensch*
èkor	für Tiere	*Schwanz*
burung	für Vögel	*Vogel*
batang	für Bäume, Pflanzen und auch längliche Dinge (z. B. Zigaretten)	*Stamm*
kuntum	für Blumen	*Knospe*
butir / biji	für kleine, runde Gegenstände (z. B. Eier, Reis, Mango)	*Korn/Kern*

Faden, Strähne, Blatt	**lembar**	für alle flachen dünnen Gegenstände wie Papier, Bretter, Stoff)
Frucht	**buah**	für Früchte und andere größere Gegenstände von fruchtähnlicher Gestalt, aber auch für Dinge von plumper und eher unbestimmbarer Gestalt (z. B. Schiffe, Häuser, Berge, Städte, Länder, oft auch für abstrakte Begriffe)
Stück, Streifen	**carik**	für Papier
Fläche	**bidang**	für Landflächen

tujuh buah rumah
sieben Frucht Haus
sieben Häuser

tiga èkor ayam
drei Schwanz Huhn
drei Hühner

enam butir telur
sechs Korn Ei
sechs Eier

empat orang murid
vier Mensch Schüler
vier Schüler

seorang Jèrman
ein-Mensch Deutsch
ein/e Deutsche/r

Lauten Hilfszählwort und das Gezählte jedoch gleich, wird das Hilfszählwort in der Regel nicht noch einmal wiederholt.

banyak burung besar
viele Vögel große
viele große Vögel

Uhr-, Tages- & Jahreszeit

Bei der Frage nach der Uhrzeit wird berapa? „wie viel?" nachgestellt. Fragt man hingegen nach einem Zeitabschnitt, wird berapa vorangestellt.

Jam / pukul berapa?
Stunde / Schlag wie-viel
Wie spät ist es?

Berapa jam?
wie-viel Stunde
Wie viele Stunden? Wie lange?

Jam sembilan.
Stunde neun
Es ist 9 Uhr.

Jam setèngah delapan.
Stunde halb acht
Es ist 7 Uhr 30.

Möchte man eine Uhrzeit genau angeben, benutzt man pukul „Schlag". Jam pukul sembilan bedeutet „Stunde Schlag neun", also „pünktlich neun Uhr". Mit kurang „weniger" drückt man aus, wie viele Minuten an einer vollen Stunde fehlen, mit lewat „vorbei", wie viele Minuten nach der vollen Stunde verstrichen sind.

Im Indonesischen wird die Stunde immer vor den Minuten genannt.

Jam tiga kurang dua puluh ménit.
Stunde drei weniger zwei -zig Minuten
Es ist 2 Uhr 40. (Zwanzig vor drei)

Jam empat lewat sepuluh ménit.
Stunde vier vorbei zehn Minuten
Es ist 4 Uhr 10. (Zehn nach vier)

„Kurz nach ...“ wird mit lebih „mehr“ ausgedrückt, für „kurz vor ...“ verwendet man kurang „weniger“.

Jam tiga lebih.	**Jam tiga kurang.**
Stunde drei mehr	*Stunde drei weniger*
Kurz nach drei Uhr.	Es ist kurz vor drei.

jam karèt – die „Gummizeit“

Eine sehr spezielle Zeiteinheit ist jam karèt „Stunde Gummi“, also die „Gummizeit“. Welche Bedeutung dieser Ausdruck hat, lässt sich leicht erraten. Flug- und Zugpläne werden pünktlichst eingehalten, in der Regel auch Kinoprogramme. Auch Langstreckenbusse fahren bis auf plus/minus eine halbe Stunde zur angegebenen Zeit ab. Persönliche Verabredungen fallen ganz eindeutig unter jam karèt. Bei Familienfesten sollte man zwar pünktlich erscheinen, was aber nicht heißt, dass sie auch wirklich zur angegebenen Stunde beginnen. Fragt man nach, wann es denn nun endlich losgeht, sind folgende Antworten möglich:

sebentar	gleich = sofort bis 3 Stunden
nanti	später = sofort bis überhaupt nicht
sudah	schon = schon vorbei, vielleicht auch nicht

Datum

Mit nachgestelltem berapa? „wie viel?“ fragt man nach dem Datum und nach einem bestimmten Jahr. Nach einem bestimmten Tag oder Monat hingegen mit nachgestelltem apa? „was für ein?“

Tanggal berapa?
Datum wie-viel
Welches Datum haben wir?

Tahun berapa?
Jahr wie-viel
Welches Jahr? / In welchem Jahr?

Hari apa?
Tag was-für-ein
Welcher / an welchem Tag?

Bulan apa?
Monat was-für-ein
Welcher / in welchem Monat?

bulan Mèi
Monat Mai
Mai

hari Rabu
Tag Mittwoch
Mittwoch

Beim Datum wird lediglich die Grundzahl, empat, nicht die Ordnungszahl, keèmpat, verwendet.

tanggal empat Januari
Datum vier Januar
4. Januar

tahun duaribu tigabelas
Jahr zwei-tausend dreizehn
(im) Jahr 2013

Uhr-, Tages- & Jahreszeit

„Am" Mittwoch oder „im" Monat Mai wird durch ein vorangestelltes pada ausgedrückt.

pada = *in, im, am, bei, zu, nach*

pada hari Rabu
am Tag Mittwoch

pada bulan Mèi
im Monat Mai

détik	Sekunde	**minggu**	Woche
ménit	Minute	**bulan**	Monat
jam	Stunde	**tahun**	Jahr
hari	Tag	**tanggal**	Datum

Monate

Januari	Januar	**Juli**	Juli
Pébruari	Februar	**Augustus**	August
Marèt	März	**Sèptèmber**	September
April	April	**Oktober**	Oktober
Mèi	Mai	**Nopèmber**	November
Juni	Juni	**Désèmber**	Dezember

Den Monatsnamen stellt man oft bulan voran.

Wochentage

hari Minggu	Sonntag
hari Senén/Senin	Montag
hari Selasa	Dienstag
hari Rabu	Mittwoch
hari Kamis	Donnerstag
hari Jumat	Freitag
hari Sabtu	Samstag
malam minggu	Wochenende

Nacht Woche

hari raya	Feiertag
hari biaga	Wochentag
pagi	6 - 11 Uhr
siang	11 - 15 Uhr
soré, petang	15 - 18 Uhr
malam	(alle dunklen Stunden)

Die Tagesabschnitte werden einfach mit den Wochentagen kombiniert:

Senén pagi	Montag Morgen
Rabu soré	Mittwoch Nachmittag

Der Abend kann auf zweierlei Art ausgedrückt werden, entweder durch Wochentag + Tagesabschnitt oder durch Tagesabschnitt + dem folgenden Tag, im übertragenen Sinn „der Abend zum nächsten Tag“:

Senén malam	Montag abend
Montag Abend	
malam Selasa	Montag abend
Abend Dienstag	(Abend zum Dienstag)

nanti „bald, nachher, später“ und tadi „vorhin, soeben“, kombiniert mit Tagesabschnitten, zeigen den gegenwärtigen Zeitpunkt des Sprechers an, z. B. ob „heute Mittag“ noch vor oder schon hinter ihm liegt:

nanti / tadi siang	heute Mittag
nanti / tadi soré	heute Nachmittag

Beachte aber: nanti pagi *für „heute Morgen“ ist nicht gebräuchlich. Statt dessen sagt man* pagi ini *„dieser Morgen“, oder* tadi pagi *„vorher Morgen“.*

allgemeine Zeitangaben

Tag dieser	**hari ini**	heute
	kemarin	gestern
gestern vorherig	**kemarin dulu**	vorgestern
	besok	morgen
	lusa	übermorgen
	sebentar	gleich
	baru saja	im Moment
	sekarang	jetzt
	tadi	früher, vorhin
	sudah	schon
	nanti	später, nachher
	pagi-pagi	frühmorgens
	soré	nachmittags
	malam hari	abends
	sehari-harian	tagsüber
jeder Tag	**setiap hari**	täglich
	sehari-hari	tagtäglich
jede Woche	**setiap minggu**	wöchentlich
	minggu-minggu lamanya	wochenlang
	setiap tahun	jährlich
Mitte Nacht	**téngah malam**	Mitternacht

Um Zeitangaben zu konkretisieren, werden folgende Ergänzungen gebraucht: yang lalu „welche / r vergangen“ bzw. yang akan datang „welche / -r / -s wird kommen“, depan „nächst, zukünftig“ oder lagi „noch“.

2 Tage welche vergangen	**dua hari yang lalu**	vor zwei Tagen
1-Woche welche vergangen	**seminggu yang lalu**	vor einer Woche
Woche welche vergangen	**minggu yang lalu**	letzte Woche

tahun yang lalu	letztes Jahr	*Jahr welches vergangen*
(masih) dua hari lagi	in zwei Tagen	*(noch) zwei Tage noch*
minggu depan	nächste Woche	*Woche zukünftig*
minggu yang akan datang	nächste Woche	*Woche welcher werden kommen*

„Von ... ab / an“ oder „seit“ wird mit dari „von“, „bis“ mit hingga „bis“ oder sampai „bis, ankommen“ umschrieben:

dari hari ini	von diesem Tag an	*von Tag dieser*
dari kecil	von klein auf	*von klein*
dari sekarang	ab jetzt	*von jetzt*
hingga / sampai sekarang	bis jetzt	
dari sekarang sampai	bis/bis jetzt	*von jetzt bis*

Jahreszeiten & europäische Jahreszeiten

musim kering	Trockenzeit	*Jahreszeit trocken*
musim hujan	Regenzeit	*Jahreszeit Regen*
musim semi	Frühling	*Jahreszeit Schößling*
musim panas	Sommer	*Jahreszeit heiß*
musim rontok	Herbst	*Jahreszeit abfallen*
musim dingin, musim salju	Winter	*Jahreszeit kalt* *Jahreszeit Schnee*

Musim hujan sudah mulai?
Jahreszeit Regen schon anfangen
Ist die Regenzeit schon angefangen?

Ya, setiap hari ada hujan.
ja, jeder Tag gibt-es Regen
Ja, es regnet jeden Tag.

Foto: Gunda Urban

Kurz-Knigge

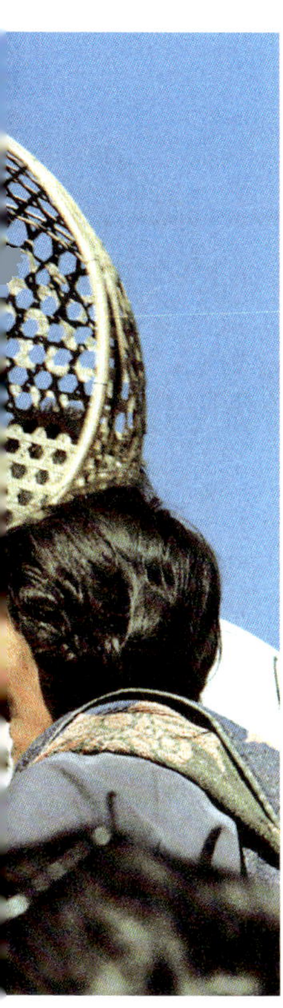

Die linke Hand gilt als „unrein", da man sie anstelle von Toilettenpapier benutzt. Um Menschen zu begrüßen, zu berühren, zum Essen, um etwas anzunehmen oder weiterzugeben wird ausschließlich die rechte Hand benutzt. Die linke Hand zu geben wäre eine Beleidigung. Wenn mit Fingern gegessen wird, legt man seine linke Hand in den Schoß und „vergisst" sie am besten.

Die Füße sind der „unsauberste" Teil des Körpers. Es ist sehr unhöflich, beim Sitzen die Fußsohlen auf eine Person zu richten. Die Füße auf den Tisch zu legen wäre ein Affront. Angebracht ist der Schneidersitz. Befindet man sich in vollen Bussen, auf Fähren oder in ähnlichen Situationen, lässt sich diese Regel jedoch oft nicht einhalten.

Die Schuhe sollten beim Betreten eines Wohnhauses, oft sogar Geschäften, ausgezogen werden. Steht ein Wasserbehälter am Eingang eines Hauses oder einer Moschee, wäscht man sich den Staub von den Füßen.

Überhebliche und aggressive Gesten sind: Mit einem Finger direkt auf eine Person zu zeigen, insbesondere bei einem Gespräch, die Arme vor der Brust zu verschränken oder die Hände in die Hüften zu stemmen.

Religion & Islam

Zu behaupten, nicht an einen Gott zu glauben, ist ein „Fauxpas". Man gerät leicht in den Verdacht, Kommunist zu sein.

Respektiere die Gebetszeiten! Fremde sollte man stets vor 18.00 Uhr (Zeit des Abendgebetes) besuchen.
Zur Zeit des Fastenmonats sollte man nicht in Gegenwart von Moslems essen, trinken oder rauchen, denn das ist von Sonnenauf- bis Sonnenuntergang untersagt.

Das Essen von Schweinefleisch ist laut Koran verboten. Auf keinen Fall sollte man einen Moslem nötigen, in einem chinesischen Restaurant zu essen. Wenn man einen Moslem zum Essen einladen will, sollte man ihn das Restaurant aussuchen lassen. Auch das Trinken von alkoholischen Getränken ist untersagt. Während man den Koran liest, wird nicht getrunken oder geraucht. Niemals ein anderes Buch auf den Koran legen!

Lächeln

Die Indonesier lächeln gerne (fast) immer und (fast) überall – es ist einen Versuch wert. Bei uns im Westen ist es nicht üblich, jeden anzulächeln, aber in Indonesien kann man es lernen. Es gibt ein gutes Gefühl. Allerdings bedeutet ein Lächeln nicht unbedingt, dass mir mein Gegenüber auch wohlgesonnen ist!!!

Das Herbeiwinken mit der Hand erfolgt nicht wie bei uns mit dem Handrücken nach unten, sondern genau umgekehrt, nämlich mit dem Handrücken nach oben. Für uns sieht das im ersten Moment wie „wegscheuchen" aus. Die europäische Art, jemanden herbeizuwinken, wird einfach nicht verstanden.

In Privaträumen, Restaurants, Zügen etc. kann man beobachten, wie Indonesier eine gebeugte Haltung einnehmen und mit vorgehaltener Hand an anderen Personen vorbeihuschen. Es handelt sich um ein Zeichen des Respekts. Man will den Kopf nicht höher tragen als der Gast, der Ältere oder die Person. Gleichzeitig sagt man dazu Permisi! „Entschuldigung!". Für uns Gäste reicht es, wenn wir diese Haltung nur andeuten. Diese Regel gilt vor allem bei Privatbesuchen.

Ärger

Wutausbrüche und Schreien sind völlig unverständliche Verhaltensweisen: Man zeigt seine Wut nicht. Nur Kinder verlieren die Selbstkontrolle und schreien. Wer sich nicht beherrschen kann, verliert sein Gesicht! Die Reaktion des Gegenübers ist Distanz und Unverständnis.

Kleidung

Für **Frauen** empfiehlt es sich, „anständig" gekleidet zu sein, d. h. langer, undurchsichtiger Rock, Kleid, Bluse, BH, Hose, alles nicht zu eng. Selbst bei vollständiger Kleidung kann es passieren, dass man belästigt wird. Frauen gelten als „Freiwild", wenn Sie nur dürftig bekleidet herumlaufen - auch in männlicher

Begleitung. Das Bild der weißen Frau ist geprägt von amerikanischen Sex- & Crime-Filmen im Kino oder Fernsehen. Geschichten von Frauen, die nur auf einen One-Night-Stand aus sind, kursieren mittlerweile überall. Die Gründe dafür findet man in Touristenhochburgen wie Kuta (Bali). Dort ist männliche Prostitution, genauso wie weibliche, alltäglich. In untouristischen Gegenden ist es sinnvoll, zumindest als Frau, eine sinnvolle Erklärung für das Alleinreisen bereitzuhalten, wie zum Beispiel, verheiratet zu sein (seit 3 Monaten) und noch keine Kinder zu haben. Selbst „anständig gekleidet" und „verheiratet" wurde ich noch oft genug „angepackt". Wenn es mir zu bunt wurde, habe ich mir Luft gemacht, indem ich deutsche Schimpf- und Fluchtiraden auf die Schuldigen losließ - das wurde komischerweise auch verstanden. Niemals nackt oder oben-ohne sonnenbaden!!
Für Frauen ist es ohnehin empfehlenswert, sich immer, egal mit welchen Fragen, an indonesische Frauen zu wenden. Damit stellt man von vornherein das Desinteresse an Männern klar.

Männer sollten nicht in kurzen Hosen herumlaufen. Die kurze Hose ist ein Bekleidungsstück für sehr arme oder arbeitende Männer. Zu dieser Kategorie gehört der weiße Tourist wohl kaum, denn er konnte sich immerhin ein Flugticket nach Indonesien leisten. Reiche Indonesier tragen auch kurze Hosen, allerdings ausschließlich als Freizeitbekleidung.

Foto: Gunda Urban

Prozession

Man sollte auch als männlicher Gast immer abwägen, ob die Bekleidung dem Anlass oder der Situation angemessen ist, wenn man darauf Wert legt, ernst genommen zu werden.

Öffentlich als Liebespaar aufzutreten, also Arm in Arm gehen, Händchen halten oder Küsse austauschen, gehört sich nicht, es gilt als anstößig. Allerdings ist es üblich, dass gleichgeschlechtliche Freunde Hand halten oder Arm in Arm gehen. Das ist kein Zeichen von Homosexualität.

Anrede- & Höflichkeitsfomen

Wie alle Asiaten legen auch die Indonesier sehr viel Wert auf Höflichkeit. Man sollte also wichtige Begrüßungsformen und Anreden lernen und anwenden.

Bu *oder* Ibu, Pak *oder* Bapak *und auch* Nyonya *oder* Nona *werden auch zusammen mit dem Namen verwendet:* Ibu Putu, Pak Hamsa *usw.*

Tuan	Herr
Bapak, Pak	Vater
Nyonya, Ibu, Bu	Frau
Nona	Fräulein
Ibu	Mutter
Kakak	ältere Schwester
Adik	jüngere Schwester, Bruder
Abang	älterer Bruder

Mit einem Smartphone können Sie sich die mit einem gekennzeichneten Sätze dieses Kapitels anhören. Scannen Sie einfach den QR-Code mit Hilfe einer kostenlosen App (z. B. „Barcoo" oder „Scanlife").

Alles sind gebräuchliche Anredemöglichkeiten. Dabei gibt es aber ein paar Kleinigkeiten zu berücksichtigen: Ab und zu wird man mit Tuan „hoher Herr" angeredet. Tuan ist ein Überbleibsel aus der niederländischen Kolonialzeit. Weiße wurden mit diesem Titel angeredet. Unter Indonesiern ist die übliche Anrede Bapak, Pak „Vater" oder Ibu, Bu „Mutter". Dies ist eine ehren- und respektvolle Anrede. Man verwendet sie in der Regel Männern und Frauen gegenüber, die älter sind als man selbst, bzw. älter als 25 Jahre.

Auch Berufsbezeichnungen kann man zur Anrede benutzen: Dirèktor, Doktèr.

Grüßen & Verabschieden

Mit selamat, was soviel wie „Glück, Wohlstand, Gesundheit“ bedeutet, werden alle möglichen Grußformen gebildet. Hier die Standardmöglichkeiten:

Mit einem Smartphone können Sie sich die mit einem gekennzeichneten Sätze dieses Kapitels anhören. Scannen Sie einfach den QR-Code mit Hilfe einer kostenlosen App (z. B. „Barcoo“ oder „Scanlife“).

Selamat pagi!	Guten Morgen!
Selamat siang!	Guten Mittag!
Selamat soré!	Guten Nachmittag!
Selamat malam!	Guten Abend!
Selamat datang!	Herzlich willkommen!

Man kann selamat aber auch mit anderen Wörtern kombinieren, wie Selamat makan! „Guten Appetit!“, Selamat bekèrja! „Gutes Arbeiten!“ oder auch Selamat membaca! „Gutes Lesen!“.

Apa kabar?	**Kabar baik!**	**Baik-baik saja!**
was Nachricht	*Nachricht gut*	*gut-gut bloß*
Wie geht's?	Gut!	Es geht mir gut!

verabschieden

Selamat jalan!	Guten Weg!	*(sagt der Bleibende)*
Selamat tinggal!	Gutes Hierbleiben!	*(sagt der Gehende)*
Sampai bertemu lagi!	Auf Wiedersehen!	*(auch am Telefon!)*
Sampai (ber)jumpa lagi!	Auf Wiedersehen! Mach's gut!	*(wörtlich: bis uns-treffen noch)*
Selamat tidur!	Guten Schlaf!	*(zu Kindern)*

Bitten, Danken & Wünschen

Das deutsche Wort „bitte" hat viele Bedeutungen, für die es im Indonesischen verschiedene Wörter gibt:

silahkan, tolong	höfliche Aufforderung: „Helfen Sie mir bitte!"
minta	um etwas bitten
mohon	bitten, ersuchen
mohon ma'af	Entschuldigung erbitten
Ma'af.	Entschuldigung.
Permisi dulu.	Entschuldigung. (im Sinne von „Gestatten Sie?")

Silahkan duduk!
bitte sitzen
Bitte setzen Sie sich/setz dich!

Selbst um nach dem Datum oder der Uhrzeit zu fragen oder wenn man nur den Raum verlassen will, „gehört es sich", den Satz mit permisi dulu ... *einzuleiten.*

Apa? / Bagaimana? / Apa maksud Pak?
was? /wie? /was Absicht Herr
Wie bitte?

Permisi dulu, saya harus pulang.
Entschuldigung früher, ich müssen Heim-gehen
Entschuldigung, ich muss nach Hause gehen.

minta heißt „möchten, bitten", es klingt etwas höflicher als mau „wollen". Fragen um Hilfe oder Informationen werden wie folgt eingeleitet:

Permisi dulu, Pak/Ibu, saya minta tolong!
Entschuldigung früher, Vater/Mutter, ich bitten-um helfen
Entschuldigen Sie bitte, ich bitte um Ihre Hilfe!

Wenn man etwas ganz Schreckliches gemacht hat, also jemanden beleidigt hat o. ä., ist es angebracht, die höflichste Formulierung mohon ma'af zu benutzen.

Saya mohon ma'af.
ich ersuchen Entschuldigung
Ich bitte tausendmal um Entschuldigung, es tut mir schrecklich Leid.

danken

Terima kasih (banyak)!
Danke (viel)
(Vielen) herzlichen Dank!

Tidak, terima kasih.
nein, danke
Nein danke.

kasih bedeutet alles von „Geneigtheit, Zuneigung, Gunst“ bis hin zur „Liebe“. Terima kasih bedeutet also sinngemäß: „Ich habe Liebe bzw. Zuneigung erhalten.“ oder besser gesagt: „Ich nehme deine/Ihre Zuneigung an“. Die möglichen Antworten darauf lauten:

Kembali.	**Sama-sama.**	**Tidak apa-apa.**
zurück	*gleich-gleich*	*nicht was-was*
Gleichfalls.	Ebenfalls.	Keine Ursache.

„Salam, selamat" *kmmt aus dem Arabischen und heßt in etwa „gesegnet". z. B.* „Selamat Pagi" *„gesegneter (guter Morgen)".*

wünschen

Salam hangat! / Selamat!	Alles Gute!
Selamat!	Viel Glück!
Semoga lekas sembuh!	Gute Besserung!
Selamat tahun baru!	Glückliches neues Jahr!

Foto: Gunda Urban

Opfergefäße, Lombok

Das erste Gespräch

Wer bereits ein wenig Indonesisch spricht, wird feststellen, wie gerne Indonesier sich unterhalten. Meistens bekommt man immer wieder die gleichen, unten aufgeführten Fragen gestellt. Für uns ist es ungewöhnlich, von Fremden so persönliche Fragen gestellt zu bekommen, jedoch in Indonesien ist das ein durchaus höfliches Gespräch. Außerdem sind diese „Small-Talks" eine gute Möglichkeit, seine Indonesisch-Kenntnisse anzuwenden und zu erweitern.

Wem persönliche Fragen unangenehm sind, kann versuchen, sie zuerst zu stellen.

Mau ke mana?
wollen nach wo
Wohin willst du?

Mau jalan-jalan saja.
wollen spazieren-gehen bloß
Ich will nur spazieren gehen.

Mit einem Smartphone können Sie sich die mit einem gekennzeichneten Sätze dieses Kapitels anhören.

Wer zum hundertsten Mal an einem Tag gefragt wird: Mau ke mana?, aber keine Lust hat, ernsthafte Anworten zu geben, kann mit folgenden netten Erwiderungen sein Gegenüber zum Lächeln bringen:

makan angin	den Wind essen
cari angin	den Wind suchen
cuci mata	die Augen waschen

Sudah bisa bicara bahasa Indonésia?
schon können sprechen Sprache indonesisch
Kannst du schon Indonesisch?

Belum, sedikit saja.
noch-nicht, bisschen bloß
Noch nicht, nur ein bisschen.

Sudah berapa lama di sini?
schon wie-viel lange pos. hier
Wie lange bist du schon hier?

Sudah tiga bulan.
schon drei Monate
Schon drei Monate.

Sudah bisa makan nasi?
schon können essen Reis
Kannst du schon Reis essen?

Sudah bisa.
schon können
Kann ich schon vertragen.

Nama saya Wayan. Siapa namamu?
Name ich Wayan. Wer Name-du
Mein Name ist Wayan. Wie heißt du?

Nama saya Gunda.
Name ich Gunda
Mein Name ist Gunda.

Umur anda berapa (tahun)?
Lebensalter du wie-viel (Jahr)
Wie alt bist du?

Umur saya tiga puluh (tahun).
Lebensalter ich drei -zig (Jahr)
Ich bin dreißig Jahre (alt).

Anda dari mana?
du von wo
Woher kommst du?

Saya dari ...
ich von ...
Ich komme aus ...

Di mana tinggal?
pos. wo bleiben
Wo wohnst du?

(negara) Jèrman	Deutschland	*(Land) deutsch*
(negeri) Belanda	den Niederlanden	*(Land) holländisch*
(negeri) Austria	Österreich	*(Land) Österreich*
(negara) Swiss	der Schweiz	*(Land) schweizerisch*

Pekèrjaan anda apa?
Beruf du was
Was bist du von Beruf?

Pekèrjaan saya ...
Beruf ich ...
Ich bin von Beruf ...

pegawai	Angestellte/-r
pekèrja	Arbeiter/-in
doktèr	Arzt/Ärztin
petani	Bauer
usahawan / usahawati	Geschäftsmann/-frau
tukang	Handwerker
pembantu rumahtangga	Hausangestellte
ibu rumahtangga	Hausfrau
insinyur, ahli teknik	Ingenieur

wartawan/wartawati	Journalist/-in
pengajar, guru	Lehrer/-in
penjahit	Schneider/-in
murid	Schüler/-in
mahasiswa / mahasiswi	Student/-in

pelajar *kann bedeuten Lehrling, Schüler, oder Student*

Foto: Bettina David

Traditionell kostümiert zur Tanzvorführung

Sudah kawin?
schon heiraten
Bist du schon verheiratet?

Ya, sudah tiga tahun.
ja, schon drei Jahre
Ja, schon drei Jahre.

Sudah punya anak?
schon besitzen Kinder
Hast du schon Kinder?

Ya, sudah dua.
ja, schon zwei
Ja, schon zwei.

Saya tidak mengèrti.
ich nicht verstehen
Ich verstehe dich nicht.

Saya belum mengèrti maksud anda.
ich noch-nicht verstehen Absicht dein
Ich habe deine Absicht noch nicht verstanden.

Herzensangelegenheiten

Wer gerne „Herz- und Schmerzvokabeln lernen möchte, sollte dringend indonesische lagu pop „Popsongs" hören! Bedudelt wird man damit in Bussen. Kaufen kann man diese wundervollen Ergüsse auf dem Markt oder im Musikshop.

Hati = *Leber*
Bei uns ist das Herz der Sitz der Liebe, in Indonesien die Leber

cinta	Liebe	
céwèk	„Mieze" (Mädchen)	
cowok	„Macker" (Junge)	
pacar	Geliebte, -r (Partner)	
kawin	verheiratet	*auch: beischlafen!*
nikah	verheiratet	*offiziell*
bulan madu	Flitterwochen	*Mond Honig*
surat cinta	Liebesbrief	*Brief Liebe*
pernyataan cinta	Liebeserklärung	*Erklärung Liebe*
hubungan cinta	Liebesverhältnis	*Kontakt Liebe*
patah hati, susah hati	Liebeskummer	*gebrochen Leber*
pil anti hamil	Antibabypille	
cari céwèk	Frauen „aufreißen"	*suchen Mädchen*
ayam kampung	Mädchen vom Lande	*Huhn Dorf*
kupu-kupu malam	Prostituierte	*Falter Nacht*
kondom	Kondom	
cium, kucup	Kuss	
mencium, mengucupi	küssen	

Dia pergi cari céwèk.
er gehen suchen Frau
Er geht los „Frauen suchen".

Sudah punya pacar?
schon besitzen Freund/in
Hast du schon eine/n Freund/in?

Aku cinta padamu.
ich lieben hin-zu-du
Ich liebe dich.

Sayangku.
stolz-sein-du
Mein Schatz.

Klar, dass der hier angeführte Scherz nur gegenüber Gleichrangigen anzuwenden ist!

Die verbreitete Frage nach dem Ehestand: Sudah kawin? kann man (jedoch nur als Mann) mit folgendem doppeldeutigen Wortspiel beantworten:

Sudah sering, tetapi belum nikah.
schon oft, aber noch-nicht offiziell heiraten

Floskeln & Redewendungen

was Nachricht	**Apa kabar?**	Wie geht's?
Nachricht gut	**Kabar baik.**	Gut. (Antwort)
alles gut/ordentlich	**Semua bérès!**	Alles in Ordnung!
wie	**Bagaimana?**	Wie ist es?
nicht können	**Tidak bisa.**	Geht nicht.
ich nicht wissen	**Saya tidak tahu.**	Ich weiß nicht.
ich nicht können	**Saya tidak bisa.**	Ich kann nicht.
nicht wie	**Tidak mengapa.**	Macht nichts.
nicht was-was	**Tidak apa-apa.**	Macht nichts.
	Tak mengapa-ngapa.	Mir fehlt nichts.

Mengapa tidak?	Warum nicht?	
(Bagai)mana tahu!	Wer weiß!	*wie wissen*
Apa lagi?	Was hilft es?	*was noch*

Nach einer 36-stündigen Busfahrt kann man zu Recht sagen:

Saya seténgah mati!
ich halb tot
Ich bin halb tot.

Ausrufe

Wah, apa itu?!
na-sowas, was jener
Was soll das bloß?!

Sayang, saya tidak bisa datang.
schade, ich nicht können kommen
Leider kann ich nicht kommen.

Aduh!	„Au!“
Wahai!	„Ach!“
Wah!	„Na sowas!“
Coba!	„Sieh mal an!“
Sayang.	Leider. Schade.
Kasihan ...	Oh, wie bedauerlich...
Hébat!	Super! Toll! Spitze!
Untung!	Zum Glück!
Alhamdulillah!	Gott sei Dank!
Hati-hati!	Vorsicht, aufpassen!
Awas!	Achtung! Vorsicht!

Zu Gast sein

Manchmal wird man von Indonesiern mit folgender Redewendung eingeladen:

Datang main-main di rumah saya.
kommen spielen-spielen in Haus ich
Komme mich in meinem Haus besuchen.

main-main *heißt „spielen, sich erholen“*

Es ist üblich, dem Gast bei Ankunft gezuckerten Tee oder Kaffee anzubieten. Man sollte ihn aber erst trinken, wenn der Gastgeber dazu auffordert mit Mari minum! „Lasst uns trinken!“ oder Silahkan minum! „Bitte trink / trinken Sie!“.

Bagaimana keadaan, Pak/Bu?
wie Zustand, Vater/Mutter
Wie geht es Ihnen, Vater/Mutter?

Terima kasih, semua sehat.
danke, alle gesund
„Danke, alle gesund.“

Terima kasih, baik/baik-baik saja.
danke, gut/gut-gut bloß
Danke, gut/ziemlich gut.

Bagaimana keadaan keluarga, Pak/Bu?
wie Zustand Familie, Vater/Mutter
Wie geht es Ihrer Familie, Vater/Mutter?

Saya mau pulang.
ich wollen nach-Hause-gehen
Ich möchte nach Hause gehen.

Foto: Bettina David

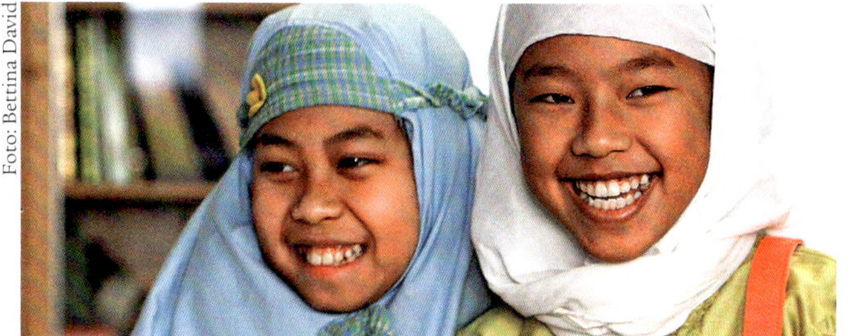

kleine Muslimas

Geschenke

Olèh-olèh bedeutet soviel wie „Mitbringsel", wobei es sich um ein Souvenir oder etwas Essbares handelt. Indonesier untereinander bringen sich als olèh-olèh Spezialitäten aus der jeweiligen Region mit. Sumbawa ist bekannt für den besten Honig, Bali für die besten Salaks „Schlangenhautfrüchte" usw. Auch wenn beispielsweise Früchte überall erhältlich sind oder sogar dort wachsen, ist es etwas Besonderes, sie von einer anderen Insel zu bekommen.

Wer aus Deutschland Geschenke mitbringt, sollte wissen: Man nimmt diese Geschenke entgegen, legt sie in die Ecke und wartet mit dem Auspacken, bis der Besuch wieder fort ist. Auf diese Art und Weise verliert niemand das Gesicht. Der Beschenkte kann all seinem Ärger Luft machen, ohne dass der Schenker sich Vorwürfe machen muss, etwas Falsches gekauft zu haben.

Mit einem Smartphone können Sie sich die mit einem 👂 gekennzeichneten Sätze dieses Kapitels anhören.

Familie

In Indonesien wird oft das ganze Dorf zur Verwandtschaft gerechnet.

famili, pamili	Familie
keluarga	Familie, Verwandtschaft
sanak saudara	Familienmitglieder (Mz), Verwandte
dewasa	Erwachsene
ibu bapak, orang tua, ayah bunda	Eltern
ibu - bapak, ayah	Mutter - Vater
istri - suami	Ehefrau - Ehemann
kawin	verheiratet
tunangan	Verlobte, Verlobter
tunang	verlobt
ipar perempuan	Schwägerin
ipar laki-laki	Schwager
bibi - paman	Tante - Onkel
nènèk	Großmutter /-vater
kakèk	Großvater
janda - duda	Witwe - Witwer
anak, anak-anak	Kind, Kinder
anak laki-laki	Sohn
anak perempuan	Tochter
saudara perempuan	Schwester
saudara laki-laki	Bruder
kakak perempuan	ältere Schwester
adik perempuan	jüngere Schwester
kakak laki-laki	älterer Bruder
adik laki-laki	jüngerer Bruder
kemenakan wanita	Nichte
kemenakan laki-laki	Neffe
cucu	Enkelkind

auch: beischlafen (zu kawin)

Kind männlich (zu anak laki-laki)

Kind weiblich (zu anak perempuan)

KB (Keluarga Berencana), dua cukup, Pak.
Familien Planung, zwei genug, Vater
Zwei Kinder sind genug, Vater.

Schilder mit dieser Aufschrift sieht man immer wieder. Selbst Geld, nämlich das alte 5-Rupien-Stück, warb für Familienplanung.

rund ums Kind

Die Familie und insbesondere Kinder haben in der indonesischen Gesellschaft einen sehr hohen Stellenwert. Was immer Kinder auch anstellen – sie sind unschuldig, sie machen nichts falsch. Indonesien, vor allem Bali, scheint mir ein Paradies für Reisen mit Kindern zu sein.

hamil	schwanger	
kehamilan	Schwangerschaft	
genap bulan	austragen	*vollzählig Mond*
keguguran	Fehlgeburt	
mendapat bulan	Periode bekommen	*bekommen Mond*
bulus	kinderlos	
kaya anak-anak	kinderreich	*reich Kinder*
bayi, (anak) orok	Baby (babi = *Schwein*)	
anak bedungan	Windelkind	*Kind Windel*
lampin, bedungan	Windel	
anak susuan	Säugling (susu = *Milch*)	
jaga anak	Kind hüten	*Wache Kind*
pembantu anak	Kindermädchen	*Helferin Kind*
penyusu	Amme	
lagu nina-bobo	Wiegenlied	*Lied einschläfernd*
melampin(i), membedung	wickeln	
célana melampini	Windelhöschen	
buaian, ayunan	Wiege	

bergoyang, berayunayun, membuai	wiegen, schaukeln
tempat tidur	Bett
susu	Mutterbrust, Busen
(air) susu	(Mutter-) Milch
susu kental	Kondensmilch, gesüßt
susu lengkap	Vollmilch
menyusui	stillen
dulang, mendulang	füttern (ein Kind)
doktèr kanak-kanak	Kinderarzt
taman kanak-kanak	Kindergarten
manis	süß, hübsch
cantik	hübsch (Mädchen)
gaga	hübsch (Jungs)
anak manis	süßes Kind
anak cantik	hübsches Mädchen

Sudah punya berapa anak?
schon besitzen wie-viel Kind
Wie viele Kinder hast du schon?

Auf die Antwort satu anak „ein Kind“ folgt mit Sicherheit die Erwiderung:

Belum cukup!
noch-nicht genug
Nicht genug!

Berapa umur?
wie-viel (Lebens-)Alter
In welchem Alter?/Wie alt?

Anak laki atau perempuan?
Kind männlich oder weiblich
Mädchen oder Junge?

Unterwegs ...

Es gibt in Indonesien viel zu sehen.

... di kota & kampung (...in Stadt & Dorf)

Di mana ada ...?	Wo ist ...?	*pos. wo es-gibt ...*
Saya mau ke ...	Ich will nach ...	*wollen nach ...(Ort)*
Saya mau kepada ...	Ich will zu ...	*wollen zu ...(Personen)*
Saya cari ...	Ich suche ...	*ich suchen ...*

alamat	Adresse	
gang	Allee, Gasse, Gang	
apotik	Apotheke	
bank	Bank	
toko (batik)	(Batik-)Geschäft	
daèrah	Bezirk	
toko buku	Buchladen	
désa / kampung	Dorf	
kepala désa, lurah	Dorfvorsteher	
toko obat	Drogerie	*Geschäft Medizin*
galéri	Galerie	
kota besar	Großstadt	*Stadt groß*
hotèl	Hotel	
bioskop	Kino	
rumah sakit	Krankenhaus	
pasar	Markt	
mésjid	Moschee	
musium	Museum	
pasar malam	Nachtmarkt	
(kantor) polisi	Polizei(wache)	

	(kantor) pos	Post (amt)
	rumah makan, réstoran	Restaurant
	penjahit	Schneider
	candi	Tempel
	gedung sandiwara	Theater
	kota	Stadt
	univérsitas	Universität
	jalan	Weg, Straße
Garten Tier	**kebun binatang**	Zoo
	jalan-jalan	spazieren gehen
Weg Fuß	**jalan kaki**	zu Fuß gehen

Mit einem Smartphone können Sie sich die mit einem ℗ gekennzeichneten Sätze dieses Kapitels anhören.

Fragen nach dem Weg werden oft mit der Himmelsrichtung beantwortet. Die Bezeichnungen kiri „links" oder kanan „rechts" werden nicht sehr häufig gebraucht und auch oft durcheinander geworfen. Um so wichtiger ist es, verstärkt auf die Handzeichen zu achten und immer wieder verschiedene Leute nach dem Weg zu fragen, denn die Antworten können höchst widersprüchlich ausfallen. Mit der folgenden Frage lassen sich Missverständnisse und lange Umwege vermeiden:

℗ **Di mana utara/selatan/timur/barat?**
pos. wo Norden/Süden/Osten Westen
Wo ist Norden/Süden/Osten/Westen?

barat	Westen	**timur**	Osten
utara	Norden	**selatan**	Süden
kanan	rechts	**kiri**	links
langsung	geradeaus	**ke/dari**	nach/von
belok	abbiegen		

rambu di kota (Schilder in der Stadt)

Keluar - (Pintu) Masuk	Ausgang - Eingang	
Pintu Bahaya	Notausgang	*Tür Gefahr*
Dilarang masuk!	Eingang verboten!	
Dilarang lewat disini!	Durchgang verboten!	
Mohon tunggu di sini!	Bitte warten Sie hier!	
Dorong - Tarik	Drücken - Ziehen	
Sudah dipesan	Reserviert	*schon bestellt*
Hanya untuk pegawai!	Nur für Mitarbeiter!	
Jangan pegang!	Nicht berühren!	*nicht festhalten*
Tidak untuk umum	Nicht für die Öffentlichkeit	
Buka: Senin - Jumat	Von Montag bis Freitag geöffnet	
Istirahat: Jam 1.00 - 2.00	Pause von 13.00 - 14.00 Uhr	
Disėwakan	Verleih, zu verleihen	*wird-gemietet*
Dilarang merokok!	Rauchen verboten!	
Dilarang buang sampah disini	Es ist verboten, Müll wegzuwerfen	*verboten wegwerfen Abfall hier*
Tempat sampah	Mülleimer /-platz	*Platz Abfall*
Awas ada anjing!	Vorsicht, Hund!	

... dengan kendaraan umum (... mit öffentlichen Verkehrsmitteln)

keréta api	Zug	*Wagen Feuer*
setasiun	Station	
setasiun (keréta api)	Bahnhof	
kepala setasiun	Stationsvorsteher	*Kopf Station*
bis - bis malam	Bus - Nachtbus	*Bus Nacht*
setasiun bis	Bushaltestelle	

Unterwegs ...

Foto: Gunda Urban

berhenti – Anhalten

	mobil - taksi	Auto - Taxi
	bécak	Dreirad-Taxi, Rikscha
Boot Meer	**kapal laut**	Schiff
	labuhan, pe(r)labuhan	Hafen
Schiff fliegen	**kapal terbang**	Flugzeug
Feld fliegen	**lapangan terbang**	Flugplatz
	lokèt - karcis	Schalter - Fahrkarte
	langsung	direkt
Klasse eins/zwei	**kelas satu/dua**	1./2. Klasse
Platz sitzen	**tempat duduk**	Sitzplatz
	penumpang	Passagier
	déwasa - anak	Erwachsener - Kind
	kosong	leer
überfüllt	**penuh, ramai**	voll, hektisch
	cepat - pelan-pelan	schnell - langsam
auch: köstlich	**énak**	bequem, komfortabel
	naik / turun	ein- / aussteigen
	naik mobil	mit dem Auto fahren

turun keréta api	aus dem Zug steigen
berangkat, pergi	abreisen/-fahren
kembali	zurückkehren
datang, tiba	kommen, ankommen
tunggu	warten
tinggal	bleiben
bélok	abbiegen
berhènti	anhalten, Stop!
batal	entwerten
menyéwa	mieten
terus - lurus	geradeaus
putar	umkehren
mundur	zurücksetzen
jurusan	Richtung
p.p. = pergi pulang	hin und zurück

ungültig

Di mana saya bisa beli karcis bis?
pos. wo ich können kaufen Karte Bus
Wo kann ich eine Busfahrkarte kaufen?

Masih ada tempat duduk kosong?
noch es-gibt Platz sitzen leer
Gibt es noch freie Sitzplätze?

Ma'af, sudah penuh.
Entschuldigung, schon voll
Es tut mir Leid, es ist schon alles voll.

Keréta api ini, cepat atau pelan?
Wagen Feuer dies, schnell oder langsam
Ist dieser Zug schnell oder langsam?

Unterwegs ...

Di mana ada lokèt?
pos. wo es-gibt Schalter
Wo gibt es einen Fahrkartenschalter?

Berapa harga kelas dua?
wie-viel Preis Klasse zwei
Wie teuer ist die 2. Klasse?

„belok kiri terus“ *steht oft an Ampeln und meint, dass Linksbbiegen auch bei Rot erlaubt ist.*

Taksi! Ke lapangan terbang!
Taxi! nach Feld fliegen
Taxi! Zum Flugplatz!

Tolong, pergi cepat!
helfen, gehen schnell
Bitte, fahren Sie schnell!

Belok kiri/kanan!
abbiegen links/rechts
Biege nach links/ rechts ab!

Saya mau turun di sini.
ich wollen aussteigen in hier
Ich möchte hier aussteigen.

Bis ini, pergi langsung ke Bima?
Bus dies, gehen direkt nach Bima
Geht dieser Bus direkt nach Bima?

Jam berapa bis yang terakhir berangkat?
Stunde wie-viel Bus welcher letzter abfahren
Wann fährt der letzte Bus ab?

Nachtbusse sind immer Expressbusse. bémo sind Kleinbusse für kurze Strecken, die man an jeder beliebigen Stelle anhalten kann. In manchen Gegenden gibt es non-stop-kol „Mini-

Busse", die mittlere Distanzen fahren. Am bequemsten sitzt man in der Mitte, „di téngah", allerdings nicht über dem Rad. Bei langen Fahrten sollte man immer etwas zu Essen und Trinken mitnehmen. Häufig verlängert sich die Fahrzeit durch Reifenpannen, Motorschäden oder unpassierbare Straßen.

Bei Busagenturen oder auf Preistafeln sieht man oft die Abkürzung p.p., *die* „pergi pulang" *„weggehen nach-Hause-zurückkehren" bedeutet. Sie entspricht also unserem „hin und zurück".*

... dengan sepéda motor/mobil (... mit dem Motorrad / Auto)

mobil	Auto
sepéda motor	Motorrad
peminjam sepéda motor	Motorradverleiher
pinjam, séwa	verleihen, vermieten
menyéwa	mieten, ausleihen

Fahrrad Motor
Verleiher
Fahrrad Motor

Insbesondere auf Bali kann man preiswert Motorräder sepéda motor, und Autos mobil, mieten. Das empfiehlt sich aber nur für Leute, die wirklich sicher fahren. Linksverkehr, rücksichtslos fahrende Bus- und LKW-Fahrer, die Straße überquerende Hunde und Hühner machen das Fahren nicht ungefährlich.

Für Motorradfahrer gilt: bei Sonnenuntergang nur im absoluten Notfall fahren! Es wimmelt nämlich nur so vor Mücken, Fliegen und anderem Kleinvieh, die alle zur Motorradlampe wollen. Ohne Brille geht es kaum!

knalpot	Auspuff
bènsin	Benzin
selang bènsin	Benzinschlauch
cok	Benzinhahn
rèm, rim - tali rèm	Bremse - Bremszug
ijin	Erlaubnis

onderdil	Ersatzteil
surat ijin mengemudi	Fahrzeugbrief
surat-surat motor	Fahrzeugschein
SIM	Führerschein
perséneling	Fußkupplung
pédal	Fußraste
gir	Gang
gas - tali gas	Gas - Gaszug
bèlt	Hupe
rusak, merusak	kaputt
sabuk-mesin	Keilriemen
plat motor	Kennzeichen
kopeling	Kupplung
motor	Motor
oli	Öl (Motor-)
oda - ban (luar)	Rad - Reifen
rés	Reserve
lampu stop	Rücklampe
spion	Rückspiegel
kerusakan, mogok	Schaden, Panne
stop bécker	Stoßdämpfer
tanki	Tank
setasiun bènsin	Tankstelle
kecelakaan	Unfall
kabilator	Vergaser
asuransi	Versicherung
bèngkèl	Werkstatt
alat	Werkzeug
busi	Zündkerze

Di mana bisa menyéwa sepéda motor?
in wo können mieten Fahrrad Motor
Wo kann ich ein Motorrad mieten?

Autofahrer müssen in den Beispielsätzen lediglich sepéda motor *durch* mobil *ersetzen.*

Apakah dengan asuransi sepéda motor?
was-? mit Versicherung Fahrrad Motor
Was ist mit der Motorrad-Versicherung?

In Indonesien besteht Helmpflicht für Motorradfahrer.

Ada surat ijin untuk sepéda motor ini?
es-gibt Brief Erlaubnis für Fahrrad Motor dies
Gibt es einen Fahrzeugschein für dieses Motorrad?

Sepéda motor saya rusak.
Fahrrad Motor ich kaputt
Mein Motorrad ist kaputt.

Di mana ada bèngkèl sepéda motor?
in wo es-gibt Werkstatt Fahrrad Motor
Wo gibt es eine Motorrad-Werkstatt?

Tankstellen, Pompa Bènsin oder Setasiun Bènsin, die es bei uns ja an jeder Ecke gibt, sind in Indonesien nicht so dicht gesät. Kleine, handgemalte Pappschilder Disini jual bènsin – „hier verkaufen Benzin“ und rote Fässer weisen auf zusätzliche, von privat betriebene Verkaufsstellen hin. Das Benzin ist etwas teurer als an einer richtigen Tankstelle und oft auch mit etwas Kerosin gestreckt.

wörtlich	Indonesisch	Deutsch
hier verkaufen Benzin	**Disini jual bènsin**	Hier Benzinverkauf!
hier verkaufen Öl	**Disini jual oli**	Hier Ölverkauf!
Pumpe Wind	**Pompa angin**	Luftpumpe
Ersatz Öl	**Ganti oli**	Ölwechsel
waschen & Ersatz Öl	**Cuci & ganti oli**	Waschen und Ölwechsel

...dengan sepéda (...mit dem Fahrrad)

Auf Bali und in einigen Touristenzentren kann man Fahrräder, sepéda, mieten. Meistens handelt es sich um Mountainbikes, sepéda gunung, *Fahrrad Berg*.

aki	Akku, Batterie
balon	(Glüh-) Birne
rantai	Kette
lampu	Lampe
tangan-tangan	Lenker
pompa angin	Luftpumpe
rèm belakang	Rückbremse
ban dalam (selang)	Schlauch
press ban dalam	Schlauchflicker
sayap	Schutzblech
sadel	Sitz, Sattel
ruji	Speiche
rèm muka	Vorderbremse

Di mana saya bisa menyewa sepéda?
pos. wo ich können mieten Fahrrad
Wo kann ich ein Fahrrad mieten?

Sepéda saya rusak.
Fahrrad ich kaputt
Mein Fahrrad ist kaputt.

Di mana ada bèngkèl (toko) sepéda?
in wo es-gibt Werkstatt (Geschäft) Fahrrad
Wo ist eine Fahrradwerkstatt (-geschäft)?

Apakah jalan itu curam?
was-? Weg jener steil
Ist die Straße dort steil?

Bevor man ein Fahrrad mietet, ist unbedingt die Funktion von Bremsen, Schaltung, Licht etc. zu überprüfen.

rambu lalu-lintas yang penting (wichtige Verkehrsschilder)

Awas keréta api!	Achtung, Vorsicht!	
Awas keréta api!	Vorsicht, Zug!	*vorsichtig Wagen Feuer*
Bahaya!	Gefahr!	
Bèlok kiri (bolèh) terus	links abbiegen erlaubt	*abbiegen links (dürfen) direkt*
Bogor keluar	Ausfahrt nach Bogor	*Bogor Ausgang*
Hati-hati ada galian	Vorsicht, Erdarbeiten!	
Dilarang berhenti / parkir disini	Halteverbot / Parkverbot	*verboten anhalten / parken hier*
Dilarang untuk ...	verboten für ...	
.. mobil-mobil	.. Autos	
.. sepéda motor	.. Motorräder	
jalan bebas hambatan	Autobahn	
béa jalan tol	Autobahngebühr	
Hati-hati!	Vorsicht!	*Leber-Leber, aufpassen*
Jembatan (sempit)	(schmale) Brücke	*Brücke (eng)*
Jalan buntu	Sackgasse	*Straße geschlossen*

Straße eins-eins	**Jalan satu-satu**	Straße ist einspurig
Straße/Brücke gerade wird-verbessert	**Jalan / jembatan sedang diperbaiki**	Straßen-/Brücken-bauarbeiten
	Jalan hati-hati!	schlechte Straße!
	Jurusan Bima	Richtung Bima
falls Regen glitschig	**Kalau hujan licin**	Bei Nässe glatt
speziell parken	**Khusus parkir**	Spezieller Parkplatz
verringern Geschwindigkeit	**Kurangi kecepatan**	Geschwindigkeit verringern
Entschuldigung Reise du wird-gestört	**Ma'af perjalanan anda terganggu.**	Entschuldigung, Ihre Reise wird gestört.
	Pelan-pelan	langsam fahren
Achtung Begrenzung Geschwindigkeit	**Perhatikan batas kecepatan**	Geschwindigkeits-begrenzung
häufig es-gibt Unfall	**Sering ada kecelakaan.**	Hier gibt es häufig Unfälle.
	Tenjakan	starke Steigung
	Turunan	starkes Gefälle
Platz parken	**Tempat parkir**	Parkplatz
Kurve gefährlich	**Tikungan berbahaya**	gefährliche Kurve
welcher abbiegen links, direkt	**Yang bèlok kiri, langsung!**	Linksabbieger weiterfahren

Foto: Gunda Urban

sewa motor
Motorradverleih

...dengan prahu (...mit dem Boot)

berlabuh	ankern
sampan	Auslegerboot
jonson	Außenborder
air surut - air pasang	Ebbe - Flut
tambangan, feri	Fähre
(pe)labuhan	Hafen
pulau	Insel
laut	Meer
kapal motor	Motorboot
sekoci penyalamat	Rettungsboot
kapal	Schiff
kapal layar	Segelschiff
perahu	Segelboot, Prau
berhenti	stoppen, anhalten

Im Inselreich Indonesien ist man zwangsläufig auf Fähren und Boote angewiesen. In den abgelegeneren Gebieten bleibt manchmal nur die Möglichkeit, ein Schiff zu chartern. Mit den folgenden Sätzen und Fragen kann man das Wichtigste vorweg abklären.

Hari apa kapal laut berangkat ke ...
Tag was Schiff Meer verlassen nach ...
An welchem Tag geht das Schiff nach ...

Kapan ada feri ke ...?
wann es-gibt Fähre nach
Wann geht die nächste Fähre nach...?

Barangkali hari Senén.
vielleicht Tag Montag
Vielleicht am Montag.

Berapa jam kami perlu dari sini ke sana?
wie-viel Stunde wir nötig von hier nach dort
Wie viele Stunden benötigen wir von hier bis dort?

Saya mau ke ... untuk dua hari.
ich wollen nach ... für zwei Tag
Ich möchte für zwei Tage nach ...

Di mana bisa charter bot?
pos. wo kann chartern Boot
Wo kann ich ein Boot chartern?

Berapa harga pèr jam/hari?
wie-viel Preis pro Stunde/Tag
Wie teuer ist eine Stunde/ein Tag?

Berapa harga ke ... pergi pulang?
wie-viel Preis nach ... weggehen zurückkehren
Wie viel kostet eine Tour nach ... und zurück?

Itu terlalu mahal.
jenes zuviel teuer
Das ist viel zu teuer.

Bot itu terlalu kecil.
Boot jenes zuviel klein
Das Boot ist zu klein.

Berapa lama?
wie-viel lange
Wie lange dauert es?

Kami harus bawa makanan sendiri?
wir müssen tragen Essen selber
Müssen wir selber Essen mitnehmen?

Auf dem Land

In Indonesien gibt es 25 Naturschutzgebiete. Zusammengefasst ergäben sie eine Größe von circa 64.000 km². Betreten darf man diese Nationalparks normalerweise nur mit einer Genehmigung und einem Guide.

Mit einem Smartphone können Sie sich die mit einem 👂 gekennzeichneten Sätze dieses Kapitels anhören.

di taman nasional (im Nationalpark)

👂 **Besok saya mau naik „Gunung Arab".**
morgen ich wollen besteigen „Berg Arab"
Ich möchte morgen den Gunung Arab besteigen.

👂 **Guide, harganya berapa untuk satu hari / tiga jam?**
Guide, Preis-sein wie-viel für ein Tag/drei Stunden
Wie teuer ist ein Guide für einen Tag / drei Stunden?

👂 **Di sana ada rumah atau tempat tidur?**
in dort es-gibt Haus oder Platz schlafen
Gibt es dort Unterkünfte oder Schlafplätze?

gunung api *Berg Feuer* = Vulkan

Auf dem Land

Minta tolong, kasih bangun pagi-pagi.
bitten-um Hilfe, geben aufstehen Morgen-Morgen
Bitte wecken Sie mich morgen ganz früh.

Saya mau pergi jam tujuh pagi.
ich wollen weggehen Uhr sieben Morgen
Ich möchte um 7.00 Uhr morgens starten.

Yang apa kami harus bawa? Makanan? Minuman?
welcher was wir müssen tragen? Essen? Trinken
Was müssen wir mitnehmen? Essen? Trinken?

Berapa jam dari sini ke puncak?
wie-viel Stunde von hier nach Gipfel
Wie viele Stunden benötigt man bis zum Gipfel?

Berapa jauh lagi?
wie-viel weit noch
Wie weit ist es noch?

Saya mau istirahat dulu.
ich wollen ausruhen erst
Ich möchte erst mal eine Pause machen.

Di sini ada orang, yang bisa bicara Bahasa Inggeris?
pos. hier es-gibt Mensch, welcher können sprechen Sprache Englisch
Spricht hier jemand Englisch?

Ada orang, yang bisa masak untuk kami?
es-gibt Mensch, welcher können kochen für uns
Gibt es jemanden, der für uns kochen kann?

tumbuh-tumbuhan & pohon-pohon (Pflanzen & Bäume)

pohon	Baum
(pohon) bambu	Bambus(baum)
daun, helai	Blatt
kembang	Blume
bunga, kuntum	Blüte
kulut	Brotbaum
(pohon) kurma	Dattel(palme)
serdang	Fächerpalme
paku, pakis	Farn
pohon ara	Feigenbaum
kolesom	Ginseng-Wurzel
rumput	Gras
bunga sepatu, mevah	Hibiskus (roter)
pohon nangka	Jackfruit-Baum
bunga gambir	Jasmin
(pohon) karèt	Kautschukbaum
gerip, gerit-gerit	Kletterpflanze
pohon kelapa	Kokosnusspalme
(pohon) mangga	Mango-Baum
pohon manggis	Mangosteen-Baum
lumut	Moos (auch: Tang)
pohon palem	Palme
gelega	Rohrpflanze
(pohon) asam jawa	Tamarinden(baum)
hutan rimba	Urwald
hutan	Wald
hutan belukar	Wildnis
akar	Wurzel

binatang (Tiere)

bangkai	Aas
kera, kunyuk, monyet	Affe
semut	Ameise
kelekatu	fliegende Ameise
beruang	Bär
berang-berang	Biber
lebah, tawon	Biene, Wespe
lintah	Blutegel
bantèng - kerbau	Büffel - Wasserbüffel
bunglon	Chamäleon
tupai	Eichhörnchen
bengkarung, kadal	Eidechse
gajah	Elefant
itik, bèbèk - angsa	Ente - Gans
keledai - kuda	Esel - Pferd
burung kuau, kuang	Fasan
kelelawar, kelawar	Fledermaus
lalat	Fliege
kutu	Floh, Laus, Zecke
kodok, katak	Frosch, Kröte
rubah	Fuchs
tokéh, cicak	gr. Gecko, Gecko
gangsir	Grille
rusa - kijang	Hirsch - Zwerghirsch
naning	Hornisse
jago - ayam	Hahn - Huhn
kumbang	Hummel, Käfer
anjing - kucing	Hund - Katze
terwelu, kelinci	Hase; Kaninchen
serangga	Insekten

burung kakatua	Kakadu
lipas	Kakerlake
kobra, ular sèndok	Kobra
buaya	Krokodil
lembu, sapi	Kuh, Rind
kura-kura	Landschildkröte
capung	Libelle
tikus	Maus, Ratte
enggang	Nashornvogel
orang hutan	Orang Utan
(burung) nuri	Papagei
burung déwata	Paradiesvogel
burung merak	Pfau
burung nangka	Pirol
gelatik	Reisvogel
ular (-ari)	(Gift-)Schlange
kupu-kupu	Schmetterling
babi	Schwein
merpati laut	Seemöwe
labah-labah	Spinne
merpati	Taube
lipan, sepesan	Tausendfüßler
haiwanat	Tierwelt
serangga perusak	Ungeziefer
burung	Vogel
garuda	mythischer Vogel
garong	Wildkatze
nagui	kl. Wildschweinart
kambing	Ziege

Binatang apa itu?
Tier was jener
Was für ein Tier ist das?

permandangan alam (Landschaft)

letusan	Ausbruch (Vulkan)
sungai kecil	Bach
gunung, doro	Berg
tanah longsor	Erdrutsch
kali, sungai	Fluss
muara	(Fluss-)Mündung
jalan setapak	Fußweg
puncak	Gipfel
kebun	Garten
pegunungan	Gebirge
gua	Höhle
bukit	Hügel
kawah	Krater
tanah	Land, Boden, Erde
lobang	Loch
lumpur	Matsch, Schlamm
mata air (panas)	(heiße) Quelle
danau	(der) See
tanjakan	Steigung
batu	Stein, Fels
air putih	Trinkwasser
banjir	Überschwemmung
Awas!	Vorsicht!
gunung api	Vulkan
hutan, rimba	Wald
jalan	Weg
air terjun	Wasserfall
mudah - sulit	einfach - schwierig
bolèh - dilarang	erlaubt - verboten
datar	flach, eben

naik	klettern, steigen
jalan kaki - antar	laufen - führen
ke atas	nach oben
dékat - jauh	nah - weit
aman	sicher
curam, terjal dalam	steil nach unten

Saya mau naik gunung api itu.
ich wollen besteigen Berg Feuer jener
Ich möchte den Vulkan besteigen.

Berapa lama ke atas?
wie-viel lange nach oben
Wie lange dauert es bis zum Gipfel?

Ada mata air panas atau air terjun di sini?
es-gibt Auge Wasser heiß oder Wasser fallen pos. hier
Gibt es hier heiße Quellen oder Wasserfälle?

Foto: Gunda Urban

Monyet senang tampat sampah – Affen lieben Mülleimer

Am Meer

Indonesiens Unterwasserwelt bietet wirklich wunderschöne Korallengärten, bewohnt von unzähligen Fischen. Wer sich dafür interessiert, sollte auf keinen Fall die Chance verpassen zu schnorcheln.

	tiram (mutiara)	Auster (Perl-)
	(ikan) lumba-lumba	Delfin
	ikan	Fisch
auch: ikan terbang	**ikan bilalang**	fliegender Fisch
	hiu, yu	Hai
auch: Korallenriff, Atoll	**karang**	Koralle(n)
	merjan	rote Koralle
	ikan pari jurig	Manta
	ikan morea/ladu	Muräne
	kerang	Muschel, Schaltier
	mutiara	Perlmuttmuschel
	ubur-ubur	Qualle
	ikan pari	Rochen
(Schwein) Seekuh	**(babi) duyung**	Seekuh
	penyu	Seeschildkröte
	gurita	Tintenfisch
	ikan terompet	Trompetenfisch
Wal Zahn	**ikan paus/lodan**	Wal
	paus gigi	Zahnwal
	luk, ceruk	Bucht
Hügel Sand	**bukit pasir**	Düne
Wasser weichen	**air surut**	Ebbe
Wasser zunehmen	**air pasang**	Flut
	tgua, lubang	Höhle

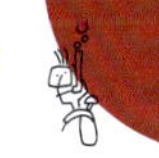

pulau	Insel
angin	Luft / Wind
laut	Meer
selat	Meeresenge
pasir	Sand
gosong (pasir)	Sandbank
laut berombak	bewegte See
danau	(Binnen-)See
dangkal - dalam	seicht - tief
arus (- kuat)	(starke) Strömung
olak air	Strudel
pantai	Ufer, Strand
air	Wasser
ombak (gemulung)	(schwere) Welle(n)

Strömung kräftig
Strudel Wasser

Welle rollend,
pulau pasir

Ada tempat untuk berenang di sini?
es-gibt Platz für schwimmen pos. hier
Gibt es hier einen Platz zum Schwimmen?

Ya, ada. Kira-kira satu kilo ke utara.
ja, es-gibt. ungefähr ein Kilometer nach Norden
Ja, es gibt einen. Etwa 1 km Richtung Norden.

ikat pinggang	Bleigurt, Gürtel
berbahaya	Gefahr
timah/pemberat	Gewicht
komprèsor	Kompressor
régulator	Lungenautomat
masker	Maske
tènki	Pressluftflasche
snorkel	Schnorchel, schnorcheln

Band Taille

Tank

Literal	Indonesisch	Deutsch
	berenang	schwimmen
Schuh Ente	**sepatu bèbèk, flipper**	Schwimmflossen
	pelampung	Schwimmweste
	selam - menyelam	Taucher - tauchen
Glas-Auge Taucher	**kacamata selam**	Taucherbrille

cuaca (Wetter)

cuaca - iklim	Wetter - Klima
udara	Luft, Wetter
hujan - mata hari	Regen - Sonne
kilat - guntur	Blitz - Donner
hujan ès / hujan batu	Hagel
(hujan-) salju	Schnee
angin	Wind
awan	Wolke
derajat	Grad
mengguntur	donnern
lembab	feucht
panas - dingin	heiß - kalt
cerah - mendung	klar - bewölkt
sejuk	kühl, frisch
udara bagus	schönes Wetter
hari bagus	schöner Tag

Unterkunft

Die folgenden Begriffe helfen jedem Reisenden, eine gutes Quartier zu finden:

Mit einem Smartphone können Sie sich die mit einem 👂 gekennzeichneten Sätze dieses Kapitels anhören.

di hotèl (Im Hotel)

menyéwa	mieten
losmèn	Pension
wisma	Gästehaus
penginapan	kleines Hotel
dapur	Küche
kamar (tidur)	(Schlaf-) Zimmer
tempat tidur	Bett
selimut / bantal	Decke (Bett-) / Kissen
seperai	Laken
kelambu	Moskitonetz
kolam berenang	Schwimmbecken
kunci	Schlüssel
menitip	deponieren
menyémprot	sprühen
bikin bersih	sauber machen
mencuci	waschen (Kleidung)

nyamuk = *Mücke, Moskito*

👂 **Masih ada kamar kosong?**
noch es-gibt Zimmer leer
Haben Sie noch freie Zimmer?

👂 **Ya, untuk dua orang.**
ja, für zwei Menschen
Ja, für zwei Personen.

👂 **Ya, silahkan ikut saya.**
ja, bitte folgen ich
Ja, bitte folgen Sie mir.

Saya mau lihat kamar dulu.
ich wollen sehen Zimmer erst
Ich möchte erst das Zimmer sehen.

Tolong menyémprot kamar saya.
helfen sprühen Zimmer ich
Bitte sprühen Sie in meinem Zimmer.

Berapa harga untuk kamar ini?
wie-viel Preis für Zimmer dies
Wie teuer ist dieses Zimmer?

Seratus ribu rupiah dengan makanan pagi.
einhundert tausend Rupien mit Essen Morgen
100.000 Rupien inklusive Frühstück.

Saya mau berangkat besok.
ich wollen verlassen morgen
Ich möchte morgen abreisen.

Ya, saya menyéwa kamar ini untuk dua malam.
ja, ich mieten Zimmer dies für zwei Nacht
Gut, ich miete dieses Zimmer für 2 Nächte.

Bolèh, saya menitip paspor saya dengan Ibu / Bapak?
dürfen, ich deponieren Reisepass ich mit Mutter/Vater
Kann ich meinen Reisepass bei Ihnen deponieren?

Essen & Trinken

Rumah makan, „Haus essen" und réstoran, „Restaurant", bieten eine Vielzahl von Gerichten an. Es gibt entweder eine Speisekarte oder eine große Wandtafel mit angebotenen Speisen und Preisen. Ma'af, tidak ada. –„*Entschuldigung, nicht es-gibt*", heißt „Gibt es leider nicht!", und Sudah habis! „schon fertig" sind die beiden möglichen Antworten, falls die Bestellung nicht entgegengenommen werden kann. Der warung ist ein fester Essenstand mit Sitzmöglichkeiten.

makan - minum	essen - trinken
makanan - minuman	Gericht - Getränk
daftar makanan	Speisekarte
porsi	Portion
pelayan	Kellner, Ober
pesan	bestellen
bayar	bezahlen
bon	Rechnung
tip, uang / uang kecil	Trink- / Wechselgeld
piring	Teller, Untertasse
gelas	Glas (Trink-)
cangkir	Tasse, Becher
pisau	Messer
garpu	Gabel
sèndok	Löffel
énak, sedap	wohlschmeckend
asin - manis	salzig - süß
asam - pedas	sauer - scharf gewürzt

masakan = *Küche im Sinne von „nach Art"*
Masakan Padang = *Küche nach Art Padang*

gorèng	gebraten
bakar	gegrillt
kering	trocken
mentah - rébus	roh - gekocht
matang	durchgekocht
rébusan	abgekocht
kukus	gedünstet
panggang	geröstet
masak	reif, gar
panas - dingin	heiß, warm - kalt
busuk	verdorben
sedia	fertig, bereit

Die Worte für „Frühstück", „Mittagessen" und „Abendessen" setzen sich zusammen aus makanan „das Essen" und der jeweiligen Tageszeit: makanan pagi, *„Essen Morgen"*, makanan siang, *„Essen Mittag"*, und makanan malam, *„Essen Nacht"*.

Saya lapar. / Saya mau makan.
ich hungrig / ich wollen essen
Ich möchte (etwas) essen.

Saya haus. / Saya mau minum.
ich durstig / ich wollen trinken
Ich möchte (etwas) trinken.

Die fahrenden Essenswagen nennt man kaki lima, *„Fuß fünf"*.

Im warung kopi, *„Warung Kaffee"*, kann man Kaffee, Tee, Kekse und ähnliches bekommen, aber auch Shampoo, Seife, Obst und Waschmittel! Der warung nasi, *„Warung Reis"*, bietet dagegen eine Auswahl an gekochten Speisen. In allen Städten und Dörfern Indonesiens fangen bei Einbruch der Dunkelheit die pasar malam „Nachtmärkte“, an. Auf diesen Märkten findet man Stände mit dem üblichen Essen und den Spezialitäten der Region.

Ada masakan Indonésia di sini?
es-gibt Küche Indonesien pos. hier
Gibt es hier indonesische Gerichte?

Saya minta satu lagi … .
ich bitten-um ein noch …
Ich hätte gerne noch ein … .

Bolèh lihat daftar makanan?
dürfen sehen Liste Essen
Darf ich bitte die Speisekarte sehen?

Saya mau pesan satu porsi…
ich wollen bestellen ein Portion…
Ich möchte eine Portion … bestellen.

Tidak pakai ès.
nein tragen Eis
Bitte nicht mit Eis.

Minta bon.
bitten-um Rechnung
Die Rechnung bitte.

beras (Reis)

Reis ist das wichtigste Nahrungsmittel Indonesiens. Auf Java, Bali und anderen Inseln, wo es genug Wasser gibt, wird Reis auf den sawah, „Nassreisfeldern“, angebaut, in anderen Gebieten kultiviert man ihn trocken auf den ladang, „Trockenreisfeldern“. Für unser Wort

„Reis“ gibt es im Indonesischen eine ganze Reihe von Bezeichnungen, die den jeweiligen „Zustand“ des Getreides bezeichnen:

padi =	die Reispflanze auf dem Feld
gabah =	der gedroschene, ungeschälte Reis
beras =	geschälter Reis, wie auf dem Markt angeboten
nasi =	gekocht und zum Essen bereitet

buah-buahan (Früchte)

Randnotiz	Indonesisch	Deutsch
	nanas	Ananas
	(buah) apel	Apfel
	jeruk manis	Apfelsine
	pisang	Banane
	buah kecil	Beere
	kacang mete	Cashewnuss
Frucht klein	**kurma**	Dattel
	arbèi	Erdbeere
auch: tandan buah	**anjir, buah ara**	Feige
	angka	Jackfruit
	n(buah) kelapa	Kokosnuss
	kismis	Korinthe
	jeruk asam	Limone
	mangga	Mango
	manggis	Mangosteen
belum matang = *unreif*	**jeruk bali**	Pampelmuse
masak/matang = *reif*	**pepaya**	Papaya
busuk = *verdorben*	**rambutan**	Rambutan
	salak	Schlangenhautfrucht
	asam jawa	Tamarinde
	semangka	Wassermelone

anggur	Weintrauben
jeruk purut	Zitrone
jeruk limau	Zitrusfrucht
serikaya	Zuckerapfel

sayur (Gemüse)

buncis	Bohnen	ubi = *Wurzel*
kacang polong	Erbsen	
ketimun	Gurke	
kentang	Kartoffeln	
(ubi) kelédèk	(Süß)kartoffeln	
kul, kobis, kubis	Kohl	
bawang putih	Knoblauch	
labu	Kürbis	
kacang	Linsen, Nüsse	*auch: Erdnuss*
jagung	Mais	
wortel	Möhren	
jamur	Pilze	
tomat	Tomaten	
kangkung	Wasserspinat	
bawang	Zwiebel	

daging (Fleisch)

daging bèbèk	Entenfleisch
daging ayam	Hühnerfleisch
daging domba	Lammfleisch
hati, otak, jantung	Leber, Gehirn, Herz
daging sapi	Rindfleisch
daging babi	Schweinefleisch
merpati	Taube
daging kambing	Ziegenfleisch

untuk orang végétaris (für Vegetarier)

	végétaris	vegetarisch
	tanpa daging	ohne Fleisch
	sayur-sayuran	allerlei Gemüse
	telur	Ei
	telur rébus	Ei, gekocht
	telur gorèng	Ei, gebraten
Ei Auge Kuh	**telur mata sapi**	Spiegelei
	mie, bihun, bami, bakmi	Nudeln

binatangair (Wassertiere)

	tiram	Auster
	ikan	Fisch
	udang, kepiting	Garnele, Krabbe
	udang karang	Lobster, Hummer
	ketam	Krebs
Fisch Meer	**ikan laut**	Salzwasserfisch
Fisch See	**ikan danau**	Süßwasserfisch
	kerang, lokan	Schaltier, Muschel
	cumi cumi	Tintenfisch

bumbu (Gewürze)

minyak (gorèng)	(Brat-)Öl
mentéga	Butter
lombok, cabé	Chili
kari	Curry
cuka	Essig
madu	Honig
jahé	Ingwer
kuma-kuma	Kurkuma

(bunga) pala	Muskatnuss
merica	Pfeffer, weißer
lada padi	Pfeffer, schwarzer
lada merah	Pfeffer, roter
kécap	Sojasoße
gula - garam	Zucker - Salz

manisan (Süßigkeiten)

kacang	Erdnüsse
kuè	Kuchen, Biskuit
èskrim	Speiseeis
permèn	Süßigkeiten, Bonbon
coklat	Schokolade

roti *„Brot" zählt in Indonesien ebenfalls zu Süßigkeiten.*

minuman (Getränke)

soda	Mineralwasser
agua	abgefülltes Wasser
air minum	Trinkwasser
air matang	abgekochtes Wasser
ès (batu)	Eis(würfel)
tèh - kopi	Tee - Kaffee
... manis	.. mit Zucker
... susu manis	.. mit Milch & Zucker
... hitam, tawar, pahit	.. schwarz
... jahé	Ingwertee / -Kaffee
coklat	Trinkschokolade
jus	Saft
air anggur - bir	Wein - Bier
brem	balinesischer Reiswein
mabuk	betrunken
tawar, pahit	bitter

Ein eisgekühltes Bier in Indonesien zu trinken, ist außerhalb der Touristenzentren schwierig. Um zumindest kein heißes Bier zu bekommen, sollte man trotzdem fragen:

Ada bir dingin?
es-gibt Bier kalt
„Gibt es kaltes Bier?"

Ibu, saya minta kopi tidak pakai gula.
Mutter, ich bitten-um Kaffee nicht tragen Zucker
Mutter, ich möchte bitte Kaffee ohne Zucker.

Sedikit gula saja.
wenig Zucker nur
Nur ein wenig Zucker.

Indonesier sind ein Volk von Kaffee- und Teetrinkern. Serviert werden diese Getränke bis an die Schmerzgrenze gesüßt. Einer Ibu am Warung zu erklären, dass man lieber kopi pahit „*Kaffee bitter*" trinkt, löst eine längere Diskussion aus, die oft mit einem sedikit gula, saja „*bisschen Zucker, bloß*" im Kaffee endet. Je nach Region gibt es unterschiedliche Ausdrücke für dieses „seltsame" Touristen-Anliegen:

Kopi kosong.	*Kaffee leer*
Kopi pahit.	*Kaffee bitter*
Kopi tanpa gula.	*Kaffee ohne Zucker*

minuman buah (Fruchtsäfte)

Wer die hier genannten Getränke lieber eiskalt trinkt, muss air *durch* ès *ersetzen, also* air jeruk *„Wasser Orange" wird zu* ès jeruk *„Eis Orange".*

air jeruk	gesüßter Orangen- oder Zitronensaft
air kelapa	Kokosnussmilch
air kelapa muda	junge Kokosnussmilch & -fleisch
air kopiyor	überreife Kokosnussmilch & -fleisch
ès buah	gelierte Früchte mit Sirup auf geraspeltem Wassereis

Night Market, Gili Terawangan, Lombok

masakan (Gerichte)

rujak	Fruchtsalat in scharfer Soße
udand gorèng montéga	Garnelen, in Butter gebraten
udang rébus	Garnelen, gedünstete
cap cai	Gemüse, verschiedene, angebraten in einer Soße
pecel	Gemüse, gemischtes, mit Erdnusssoße
gado-gado	Gemüsesalat, mit Erdnusssoße, kalt
karé ayam	Hühnercurry
soto ayam	Hühnersuppe
saté ayam	Hühnersaté
ayam gorèng	Huhn, gebratenes, meistens mit Soße serviert

ayam gorèng kécap	Huhn, gebratenes, mit süßlicher Sojasoße
gudeg ayam	Huhn in Kokosmilch und Gewürzen, geschmort mit junger gekochter Jackfruit
kepeting gorèng	Krabben, frittierte
kepeting rébus	Krabben, gedünstete
acar	Mixed Pickles
mi gorèng	Nudeln, gebratene, mit Gemüse & Ei
mi rébus	Nudeln, gekochte
mi kuah	Nudelsuppe
mi bakso	Nudelsuppe, chinesische, mit Fleischklößen
mi pangsit	Nudelsuppe, mit Fleischklößen in Teig gebacken
fu yung hai	Omelett mit Fleisch & Gemüse
martabak	Pfannkuchen, mit Gemüse & Fleisch oder süß
krupuk	Riesenkräcker, aus Fisch- oder Krabbenmehl
nasi putih	Reis, weißer, gekochter
nasi gorèng	Reis, gebratener, oft mit Gemüse
nasi campur	Reis mit Gemüse und Fleisch
nasi sayur	Reis mit Gemüse
nasi rawon	Reis mit Rindfleischeintopf
soto, sop	Suppe
gulai kambing	Ziegencurry
saté kambing	Ziegensaté

Kaufen & Handeln

Das Kaufen und das damit verbundene Handeln kann in Indonesien sehr viel Spaß machen. Harga pas heißt „fester Preis". In den meisten (nicht touristischen) Geschäften, Supermärkten, Hotels und Restaurants wird nicht gehandelt. Gehandelt werden muss auf Märkten, bei Straßenverkäufern, in Touristenläden etc. Wer auf Indonesisch verhandelt, hat einen großen Vorteil, da man ihm Erfahrung zubilligt.

Mit einem Smartphone können Sie sich die mit einem 👂 gekennzeichneten Sätze dieses Kapitels anhören.

👂 **Di mana saya bisa beli ...?**
pos. wo ich können kaufen ...
Wo kann ich ... kaufen?

Sind in einem Laden oder auf dem Markt die Waren weder ausgezeichnet noch ein Schild harga pas zu entdecken, empfiehlt es sich, erst einmal nach dem Preis zu fragen. Wenn der Verkäufer antwortet, man möge das Eröffnungsangebot machen, folgt auf jeden Fall eine längere Verhandlung. Die Grundregel ist, völlig freundlich, höflich und gelassen zu bleiben, auch wenn der gewünschte Verkaufspreis übertrieben hoch ist. Der Käufer sollte beim Handeln einen deutlich niedrigeren Preis ansetzen, als er wirklich bezahlen will. Im günstigsten Fall kennt man den richtigen Preis.

Touristenpreise sind immer höher, aber auch gut betuchte Einheimische zahlen mehr. In touristischen Gegenden liegt der Ausgangspreis des Verkäufers oft 4-6mal so hoch, als die Ware wirklich wert ist. In abgelegeneren Gebieten wird häufig der korrekte Preis gefordert.

Wenn man glaubt, ein faires Angebot gemacht zu haben, auf das der Händler jedoch nicht reagiert, ist das „Weggeh-Spiel" immer einen Versuch wert. Mit Terlalu mahal!, „Zu teuer!", und Terima kasih!, „Vielen Dank!", verlässt man höflich grüßend das Geschäft. Oft geht der Verkäufer dann auf den gebotenen Preis ein. Ein gutes Geschäft ist, wenn beide Seiten wirklich zufrieden sind.

beli, membeli	kaufen
jual, menjual	verkaufen, Handel treiben
tawar, menawar	handeln, feilschen
harga	Preis
harga biasa	normaler Preis
harga pas	fester Preis
kwalitèt	Qualität
warna	Farbe
rugi	Schaden/Nachteil erleiden, Verlustgeschäft machen
turun	heruntergehen
lihat saja	nur gucken
macam	Sorte, Typ, Beschaffenheit
mencoba	anprobieren
pabrik	Fabrik, Handwerksbetrieb
membuat, (mem)bikin	machen, herstellen
dibuat	gemacht, hergestellt
buatan (Indonésia)	(indonesisches) Erzeugnis
buat-buatan	unecht, nachgemacht
pembuat	Hersteller

dialog pasar khas – typisches Marktgespräch

V = *Verkäuferin*
T = *Tourist*

T: **Selamat pagi, Bu. Pisang ini, harganya berapa?**
guten Morgen, Mutter. Bananen dies, Preis-ihr wie-viel
Guten Morgen, Bu. Wie teuer sind diese Bananen?

V: **Selamat pagi. Satu kilo seribu rupiah.**
guten Morgen. ein Kilo tausend Rupien
Guten Morgen. Ein Kilo kostet 1000 Rupien..

T: **Aduh, Ibu. Terlalu mahal.**
huch, Mutter. zu-viel teuer
Huch, Ibu. Das ist viel zu teuer.

Saya tidak mau tahu harga turis!
ich nicht wollen wissen Preis Tourist
Ich möchte nicht den Touristenpreis wissen.

Harga biasa berapa?
Preis normal wie-viel
Wie viel kosten sie normalerweise?

V: **Seribu harga biasa.**
tausend Preis normal
1000 ist der normale Preis.

T: **Saya ambil ini untuk lima ratus rupiah.**
ich nehmen dies für fünf hundert Rupien
Ich nehme sie für 500 Rupien.

V: **Saya rugi, tetapi bolèh.**
ich Schaden, aber möglich
Ich mache Verlust, aber es ist o.k.

plang (Schilder)

Tutup/Buka	Geschlossen/Geöffnet
Gratis	Gratis
Bayar disini!	Hier bezahlen!
Kasir	Kasse
Dijual murah	Reduzierter Verkauf
Obral	Schlussverkauf, Ausverkauf
Potongan 10%	10% Rabatt
Dijual	Zum Verkauf

barang (Waren)

cap = *Stempel*

Schuh hoch

Schnitzerei Holz

gelang	Armband, -reif
bangsi	Bambusflöte
batik tulis	handgemalte Batik
batik cap	gestempelte Batik
gerinding, génggong	Blasinstrument
sumpitan	Blasrohr
keméja	Bluse, Hemd
selimut - tap(e)lak méja	Decke - Tischtuch
intan	Diamant
pisau belati, keris	Dolch, Kris
print	Druck
gading	Elfenbein
seruling	Flöte, Pfeife
sepatu tinggi	Frauenschuh
lukisan	Gemälde, Bilder
sabuk	Gürtel
(kalung) rantai	(Hals-)Kette
tas	Handtasche
ukiran kayu	Holz-Schnitzerei
celana pendèk/panjang	kurze / lange Hose

pakaian	Kleidung	
tulang	Knochen	
kulit	Leder	*Haut*
topèng	Maske	
kain panjang	Meterware	*Stoff langer*
anting-anting	Ohrringe	
cincin	Ring	
rok	(europ.) Rock	
(sepatu) sandal	Sandale	
kain sarong	Sarong-Stoff	*Stoff Sarong*
wayang kulit	Schattenspielfigur	
sepatu	Schuh, Stiefel	
hiasan	Schmuck	
pérak - emas	Silber - Gold	
hukah, hokah	Wasserpfeife	
rompi	Weste	

Bolèh saya mencoba rok ini?
möglich ich probieren Rock dies
Darf ich diesen Rock anprobieren?

warna (Farben)

putih - hitam	weiß - schwarz
biru - hijau	blau - grün
jingga - cokelat	orange - braun
mérah - kuning	rot - gelb
mérah muda	hellrot (rosa)
mérah tua	dunkelrot
mérah lembayung	violett
kelabu, abu-abu	grau, gräulich
berwarna-warna	bunt, vielfarbig
polos	einfarbig

Durch tua *„alt =dunkel“ oder* muda *„jung = hell“ kann man die Farbnuancen bestimmen.*

bisnis (Geschäftliches)

	(si)pengirim	Absender, Spediteur
	perwalian, pengagènan	Agentur
	agèn -	Agent, Vertreter -
	deposit	Anzahlung
	mengangkut	befördern, transportieren
	berpesan, pesan	bestellen, Auftrag geben
	pesan(an)	Bestellung
èksportir - *Exporteur*	**èksportir**	exportieren
	agèn umum	Generalvertreter
	perdagangan	Gewerbe (Gewerbszweig)
	orang dagang	Händler, Kaufmann
importir - *Importeur*	**impor - èkspor**	Import - Export
	mengimportir	importieren
	dagangan	Kauf-, Handelsware
	onkas	Kosten
	langganan	Lieferant, Kunde
auch: Beispiel	**contoh; macam**	Muster; Sorte, Marke
	bungkus	Paket
	untung	Profit
	sisa	Rest(betrag)
	kirim	senden, schicken
	(se)bagian	(ein) Stück
	jumlah	Summe, Menge
	membungkus(i)	verpacken
auch: Verschiffung	**pengiriman**	Versand, Transport
	asuransi	Versicherung

Di mana ada èksportir untuk barang ini?
in wo es-gibt Exporteur für Ware dies
Wo gibt es für diese Ware einen Exporteur?

Saya minta harga bisnis untuk batik ini.
ich bitten-um Preis Geschäft für Batik dies
Ich bitte um den Geschäftspreis für diese Batik.

Berapa biji bisa membuat pèr bulan?
wie-viel Stück können herstellen pro Monat
Wie viel Stück können Sie pro Monat herstellen?

Saya perlu tiga contoh macam ini.
ich nötig drei Muster Art dies
Ich brauche drei Muster dieser Art.

Saya mau kirim barang ini ke Jèrman.
ich wollen schicken Ware dies nach Deutschland
Ich möchte diese Waren nach Deutschland verschicken.

Ada èksportir yang paling baik?
es-gibt Exporteur welcher sehr gut
Welcher Exporteur ist der beste?

Saya mau kirim barang-barang ini di dalam dua hari.
ich wollen schicken Waren dies pos. innen zwei Tag
Ich möchte diese Ware in den nächsten zwei Tage verschicken.

Siapa bisa membungkus untuk saya?
wer können verpacken für ich
Wer kann für mich das Verpacken übernehmen?

Fotografieren

Fotoartikel und -zubehör erhält man fast ausschließlich in größeren Städten oder Touristengegenden. Filmentwicklung und Abzüge sind in Indonesien meistens deutlich billiger als bei uns.

kamera digital	Digital-Kamera
lensa	Objektiv
baterai	Batterien
kartu memori	Speicherkarte
lampu kilat foto, speedlight	Blitzgerät
kamera, alat potrèt	Fotoapparat
kamera film	Filmkamera
dia film	Diafilm
pilem berwarna	Farbfilm
pengembangan film	Entwicklung
pilèm, film	Film
membuat pilèm	filmen
fotografie	Fotografie
foto, potrèt, gambar	Foto
format	Format
toko potrèt	Fotogeschäft
tukang potrèt, pemotrèt	Fotograf
memotrèt	fotografieren
fotokopi	Fotokopie
membuat fotokopi	fotokopieren
baru - tua	neu - alt
hitam putih - warna	schwarz weiß - Farbe

Kamera saya rusak.
Kamera mein kaputt
Meine Kamera ist kaputt.

Ada pilèm?
es-gibt Film
Haben Sie Filme?

Di mana ada toko pemotrèt?
in wo es-gibt Laden Foto
Wo gibt es ein Fotogeschäft?

Bisa mencuci pilèm ini?
können entwickeln Film dies
Können Sie diesen Film entwickeln?

Apa boleh saya memotret di sini
Können-? ich nehmen Bild Sie
Darf ich Sie fotografieren?

Apa boleh saya memotret di sini
Was dürfen ich fotografieren hier
Darf man hier fotografieren?

Auf der Fähre:
angga naik
= Stufen hinaufsteigen

Foto: Gunda Urban

Bisakah anda mengambil gambar dari kita?
Können-? Sie nehmen Bild von uns
Können Sie bitte ein Foto von uns machen?

Saya ingin setiap kopie foto pada kartu ini.
Ich wünschen fertig Ausdruck/Kopie Foto von Karte diese
Ich möchte je einen Ausdruck von den Fotos auf dieser Karte.

Berapa lama waktu yang diperlukan untuk mencetak foto.
Wie-viel lange Zeit welche notwendig für drucken Foto
Wie lange dauert das Ausdrucken von Fotos?

Behörden, Bank & Post

Indonesien ist ein Bürokratenstaat. Wenn man etwas Offizielles will, z. B. das Visum verlängern, ist das „Amt", kantor, unumgänglich. Alle wichtigen Büros befinden sich in den Provinzhauptstädten. Es gibt auch hier einige wichtige Regeln.

Die Bekleidung sollte ordentlich sein. Man legt auch hier sehr viel Wert auf das Äußere und auf Höflichkeit.

Es lohnt sich meistens nicht zu warten, wenn der Chef „gerade nicht da ist, aber sicherlich gleich wiederkommt". Vielleicht bringt der nächste Tag mehr Glück.

In Dörfern ist der Kepala Kampung, „Bürgermeister" ein guter Ansprechpartner für Informationen über Besonderheiten des Dorfes und die Umgebung. Man sollte versuchen, direkt zum Kepala, „Chef", vorzudringen. Normalerweise haben alle anderen Personen, die herumstehen oder sitzen, nicht viel Kompetenz.

Die Kepala Kampung sprechen meistens kein Englisch, aber immer Bahasa Indonésia. In abgelegenen Gebieten sind das oft die einzigen, die nicht nur die Lokalsprache sprechen.

Selbst in den kleinsten und einsamsten Dörfern gibt es Schulen. Auch die Lehrer, pengajar, guru sind sehr gute Ansprechpartner.

urutan kantor (Büro- & Rangordnung)

Bupati	**Kantor Bupati**	*Provinz-Chef*
Camat	**Kantor Kecamatan**	*Distrikt-Chef*
Kepala Désa	**Kantor Kepala Désa**	*Kopf Gemeinde*
Kepala Kampung	**Kantor Kepala Kampung**	*Kopf Dorf*

sekola (Schulen)

SD	**= Sekolah Dasar**	*Grundschule*
SMP	**= Sekolah Menéngah Pertama**	*Mittelschule*
SMA	**= Sekolah Menéngah Atas**	*Obermittelschule*
UI	**= Univèrsitas Indonésia**	*Universität Indonesien*

Ein Empfehlungsschreiben vom Bupati verpflichtet die untergeordneten „Bosse" in den Gemeinde-Büros, ein Brief vom Camat bewirkt dasselbe gegenüber den Bürgermeistern usw. Die Hierarchie sollte eingehalten werden, d. h. vom Camat also erst zum Kepala Désa, dann zum Kepala Kampung, das vermeidet böses Blut. Noch etwas: kepala heißt Kopf und sollte nicht mit kelapa (Kokosnuss) verwechselt werden.

kepala kelapa *„Hohlkopf".*

mengisi formulir (Ausfüllen von Formularen)

nama keluarga	Familienname	*Name Familie*
nama - alamat	Name - Adresse	
alamat lengkap	vollständige Adresse	*Adresse vollständig*
tanggal lahir	Geburtsdatum -	
tempat lahir	Geburtsort	

	umur	Alter
	kelamin	Geschlecht
	kebangsaan	Nationalität
	agama	Religion
	kartu tanda penduduk	Personalausweis
Nummer Pass	**nomor paspor**	Passnummer
Absicht Besuch	**maksud kunjungan**	Grund der Reise
	pekerjaan	Beruf
	kawin	verheiratet
stempeln Marke	**menera tempel**	Gebührenmarke
	melapor	Bericht erstatten
Zeichen Hand / Schrift Hand	**tanda tangan/ tulisan tangan**	Unterschrift

di kantor polisi (bei der Polizei)

Auch in Indonesien kann man mal bestohlen werden. Falls das wirklich eintrifft, wird das ein Nerven aufreibendes und Tag füllendes Programm!

Saya kecurian.
ich bestohlen
Ich bin bestohlen worden.

Di mana ada kantor polisi?
in wo es-gibt Büro Polizei
Wo ist die Polizeistation?

Pencuri hilang ke ... / sana.
Dieb verschwinden nach ... / dort
Der Dieb ist nach ... / dort verschwunden.

lapor	anzeigen, anmelden
paspor	Ausweis, Pass
kecurian	bestohlen
pencuri	Dieb, Diebe, Diebin
pencurian	Diebstahl
kebongkaran	Einbruch
(mem)bongkar	einbrechen
formulir	Formular
tas	Handtasche
polisi	Polizei
kantor polisi	Polizeistation
kunci	Schlüssel
uang	Geld
curi, mencuri	stehlen
asuransi	Versicherung
hilang	verschwinden

di kantor bank (in der Bank)

menerima	akzeptieren
ATM	Bankautomat
rekening bank	Bankkonto
bank	Bank
kurs	Wechselkurs
uang kontan, uang tunai	Bargeld
mengambil uang di bank	Geld abheben
uang	Geld
bunga	Zinsen
kartu kredit	Kreditkarte

	cek	Scheck
	transfér	Transfer, überweisen
	tukar, menukar	tauschen, wechseln
verschicken	**mengirim(kan)**	überweisen
Transport	**pengiriman**	Überweisung
	formulir kiriman	Überweisungsformular
Ast	**cabang**	Zweigstelle, Filiale

Saya mau tukar Dolar Amérika.
ich wollen wechseln Dollar Amerika
Ich möchte amerikanische Dollar wechseln.

Berapa kurs hari ini?
wie-viel Kurs Tag dies
Wie ist der Wechselkurs heute?

Ada kiriman untuk saya?
es-gibt Überweisung für ich
Haben Sie eine Überweisung für mich?

Ma'af. Belum datang.
Entschuldigung noch-nicht kommen
Tut mir Leid. Es ist noch nichts angekommen.

Tolong berhubungan cabang Jakarta.
helfen Kontakt-herstellen Zweigstelle Jakarta
Bitte kontakten Sie die Zweigstelle Jakarta.

Dimana ada ATM?
Wo gibt-es ATM/Bankautomat
Wo gibt es einen Bankautomat?

Boleh saya bayar dengan kartu kredit?
Möglich ich zahlen mit Karte-Kredit
Kann ich mit Kreditkarte bezahlen?

di kantor pos (auf der Post)

pengirim/penerima	Absender/Empfänger
menyenempel	(ab)stempeln
surat (tercatat)	(eingeschriebener) Brief
meterai pos	Briefmarke
èksprès	Express-Service (int.)
kilat	Express-Service (nat.)
pos udara	Luftpost
kantor pos/kartu pos	Post /Postkarte
paket	Päckchen
melalui	per, via
porto	Porto
kirim	schicken, senden
(surat) kawat	Telegramm
kabar kawat besar	Telegramm (int.)

auch: perangko

Austria - *Österreich*
Swiss - *Schweiz*
Belanda - *Niederlande*

Saya mau kirim surat ini ke Jèrman.
ich wollen schicken Brief dies nach Deutschland
Ich möchte diesen Brief nach Deutschland schicken.

Mau kirim pos udara?
wollen senden Post Luft
Möchten Sie ihn per Luftpost verschicken?

Saya minta menyenèmpel surat ini sekarang.
ich bitten-um stempeln Brief dies jetzt
Bitte stempeln Sie diesen Brief sofort ab.

Telefonieren

Telefongespräche führt man normalerweise vom **Kantor Télépun**, „Telefonamt", **WARTEL** = **warung télépun** oder **Kantor Télékomunikasi**, „Telekommunikationsbüro" aus, da es außerhalb der Großstädte wenige Privatanschlüsse gibt.

	tmenélépon	anrufen
	luar negeri	Ausland
innerhalb Indonesiens	**interlokal**	Ferngespräch
	kode wilayah	Gebietsvorwahl
	dalam negeri	Inland
	kode negeri	Ländervorwahl
	tèlpon genggam	Mobiltelefon
	nomor tèlpon	Rufnummer
	kartu pulsa	SIM-Karte
	tèlpon, tilpun, télépon	Telefon
	buku tèlpon	Telefonbuch
	pulsa	Telefoneinheit
	pembicaraan tèlpon	Telefongespräch
	menélépon	telefonieren
	kartu tèlpon	Telefonkarte
	putus	unterbrochen
	sambung	verbinden
	saluran, line	Verbindung
	memilih	wählen
	kode	Vorwahl

Ein ganz normales indonesisches Telefongespräch kann wie folgt ablaufen:

K: **Hallo! Nama saya Klaus.**
Hallo! Name mein Klaus.
Hallo! Mein Name ist Klaus.

Klaus „K" ruft Wayan „W" an.

Saya tèlépon dari ....
ich telefonieren von...
Ich rufe aus ... an.

W: **Hallo! Cari siapa, Pak?**
Hallo! Suchen wer, Pak?
Hallo! Wen möchten Sie sprechen?

K: **Saya mau bicara dengan Ibu Watih!**
Ich wollen sprechen mit Mutter Watih.
Ich möchte bitte mit Frau Watih sprechen.

Ibu Watih ada di rumah?
Ibu Watih es-gibt in Haus
Ist Ibu Watih zu Hause?

W: **Tunggu sebentar, saya panggil.**
warten Augenblick, ich rufen
Einen Augenblick, bitte! Ich rufe sie.

Ada orang yang bicara bahasa Ingg(e)ris?
es-gibt Mensch welcher sprechen Sprache Englisch
Gibt es jemanden, der Englisch spricht?

Mit ein wenig Glück kann man dann die gewünschte Person sprechen, oder das Gespräch fängt mit einer ganz anderen Person von vorne an.

Besok saya coba tèlépon lagi.
morgen ich versuchen telefonieren wieder
Ich rufe morgen noch einmal an.

Ma'af, salah sambung!
Entschuldigung, falsch verbunden!

Ma'af, saya tekan nomor salah.
Entschuldigung, ich wählen Nummer falsch
Entschuldigung, ich habe die falsche Nummer gewählt.

Dari mana?
von wo
Wer ist am Apparat?

Dari Peter.
von Peter
Peter ist am Apparat.

Internet

In vielen größeren Städten und vor allem in Touristenzentren befinden sich an jeder Ecke Internetcafés. Viele Computer- und Internetbegriffe sind englisch und werden einfach nur mit indonesischer Betonung ausgesprochen.

Dimana ada warnèt disini / wifi?
Wo gibt-es warung-internet / W-Lan hier
Wo gibt es hier ein Internetcafé / W-Lan?

Bérapa harga untuk satu jam di komputer?
Wie-viel Preis für ein Stunde pos. Computer
Wie viel kostet die Nutzung des Computers pro Stunde?

(Bagaimana cara) log in?
(Wie kann ich) einloggen?
(Wie kann ich) einloggen?

Saya mau check email.
Ich möchte abrufen E-Mail
Ich möchte gerne E-Mails abrufen.

Saya mau kirim email.
Ich möchte verschicken E-Mail
Ich möchte gerne E-Mails verschicken.

Dapatkah saya mencetak di sini?
Können-? ich drucken hier?
Kann ich hier auch ausdrucken?

Komputer jatuh. Dapatkah Anda membantu saya?
Computer fallen. Können-? Sie helfen ich?
Der Computer ist abgestürzt. Können Sie mir helfen?

alamat internet	Internet Adresse
konèksi internet	Internetverbindung

Krank sein

In Indonesien gibt es keine privaten oder gesetzlichen Krankenversicherungen,jeder Arztbesuch, Krankenhausaufenthalt oder die Medikamente müssen privat bezahlt werden.

apotik	Apotheke
toko obat	Drogerie
PUSKESMAS	staatliches Gesundheitszentrum
rumah sakit	Krankenhaus
sakit	krank sein
ambulan	Krankenwagen
darurat/kecelakaan	Notfall/Unfall
tidak enak badan	sich krank fühlen

Tolong beli obat untuk saya di apotik.
helfen kaufen Medizin für ich pos. Apotheke
Bitte kaufe Medizin für mich in der Apotheke.

Di mana ada rumah sakit yang paling baik?
in wo es-gibt Haus krank welches meist gut
Wo gibt es das beste Krankenhaus?

Tolong! Panggil ... !
helfen! rufen ...
Bitte, rufe ein ...

Bawah saya/kami ke rumah sakit.
bringen ich/wir nach Haus krank
Bringen Sie mich/uns zum Krankenhaus.

Krank sein

doktèr (Ärzte)

doktèr	Arzt, Doktor
ahli penyakit kelamin	Arzt für Geschlechtskrankheiten
ahli mata	Augenspezialist
doktèr spesialis	Facharzt
ahli penyakit kulit	Hautarzt
ahli jantung	Herzspezialist
ahli penyakit dalam	Internist
doktèr anak	Kinderarzt
juru rawat	Krankenschwester
dukun	traditioneller Heiler
doktèr gigi	Zahnarzt

ahli THT = *HNO-Arzt;* T = telinga *„Ohr"*, H = hidung *„Nase"*, T = tenggorok(an) *„Rachen"*

auch: Krankenpfleger

Saya sakit.
ich krank
Ich bin krank.

Sakit apa?
krank was
Was fehlt dir / Ihnen?

Ada doktèr dekat di sini?
es-gibt Doktor nah in hier
Gibt es in der Nähe einen Arzt?

Saya sakit inpluensa.
ich krank Grippe
Ich habe Grippe.

Saya perlu obat untuk menceret.
ich nötig Medizin für Durchfall
Ich brauche Medizin gegen Durchfall.

Tolong! Kaki teman saya patah.
Hilfe! Bein Freund ich gebrochen
Hilfe! Das Bein meines Freundes ist gebrochen.

penyakit (Krankheiten / Beschwerden)

angina	Angina
tular	ansteckend
asma	Asthma
gembung	Blähungen
koléra	Cholera
penyakit gula	Diabetes
mencerèt	Durchfall
muntah	erbrechen
gelegata	Ekzem, Nesselfieber
flu, pilèk	Erkältung
demam	Fieber
patah	gebrochen
inpluènsa	Grippe
penyakit kotor	Geschlechtskrankheit
batuk	Husten
infèksi	Infektion
gatal, kegatalan	jucken, Juckreiz
pusing	Kopfschmerzen
kejang	Krampf
sakit - sehat	krank - gesund
penyakit	Krankheit
kondor(an)	Leistenbruch
kusta	Lepra
radang paru-paru	Lungenentzündung
malaria	Malaria
lecèt	Schnitt
penyakit anjing gila	Tollwut
luka bakar	Verbrennung
sembelit	Verstopfung
luka	Wunde
sakit gigi	Zahnschmerzen

Krank sein

Foto: Gunda Urban

membirin gigi palsu – „mache falsche Zähne"

Möchte man ausdrücken, dass man an einer bestimmten Krankheit leidet, kann man penyakit, „Krankheit" mit einem Körperteil oder mit einem Wort kombinieren, das diese Krankheit charakterisiert, wie:

penyakit gula *„Krankheit Zucker"*	= Diabetes
penyakit busung *„Krankheit Schwellung"*	= Ödem
penyakit barang *„Krankheit Gegenstand"*	= Nierenstein
penyakit kulit *„Krankheit Haut"*	= Hautkrankheit
penyakit mata *„Krankheit Auge"*	= Augenkrankheit
penyakit saraf *„Krankheit Nerv"*	= Neurose

Mit diesem Behelf kann es zwar mal passieren, dass man sich nicht korrekt ausdrückt, aber man wird in den meisten Fällen verstanden.

obat & pèngobat (Medizin & Behandlung)

di luar	außen, äußerlich
mengerjakan	behandeln
penilitian	Behandlung
diagnose	Diagnose
minum	einnehmen, trinken
gosok	einreiben, reiben
di dalam	innen, innerlich
obat	Medikament, Heilmittel
sehari	pro Tag, täglich
sirop	Saft, Tropfen
B-test	Schwangerschaftstest
tablèt	Tablette, Pille
komprès	Umschlag, Kompresse
balut	Verband, Binde
plèster	Verband, Pflaster

Kasih suntik, tidak bolèh. Saya hamil.
geben Spritze, nicht dürfen. ich schwanger
Sie dürfen mir keine Spritze geben. Ich bin schwanger.

Obat ini untuk minum tiga kali sehari.
Medizin dies für trinken drei Mal ein-Tag
Diese Medizin dreimal täglich einnehmen.

Saya perlu kwitansi untuk asuransi saya.
ich nötig Quittung für Versicherung ich
Ich brauche eine Quittung für meine Versicherung.

Saya minta surat diagnosa untuk asuransi saya, Pak/Ibu doktèr.
ich bitten-um Brief Diagnose für Versicherung ich, Vater/Mutter Doktor
Ich bitte um eine schriftliche Diagnose für meine Versicherung.

Körperteile

lengan - tungkai, kaki	Arm - Bein, Fuß
buah dada	Brüste (weibl.)
dada	Brust(korb)
usus - kandung kemih	Darm - Blase
jari - jari kaki	Finger - Zeh
sendi - (urat) saraf	Gelenk - Nerv
badan, tubuh - kepala	Körper - Kopf
tangan	Hand, Unterarm
léhér - hidung	Hals - Nase
kulit - tulang	Haut - Knochen
jantung	Herz
lutut	Knie
hati	Leber
paru-paru	Lunge
lambung, perut	Magen, Bauch
mulut - bibir	Mund - Lippen
otot	Muskel, Sehne
ginjal, buah pinggang	Nieren
telinga - mata	Ohr - Auge
punggung	Rücken
bahu	Schulter
pundak	Schulter, Nacken
gigi	Zahn, Zähne
lidah	Zunge

Toilette & Co.

Indonesier legen sehr viel Wert auf Sauberkeit. Täglich wird zwei- bis dreimal geduscht. In Hotels und auch fast immer in kleinen Pensionen wird man eine normale Dusche vorfinden, aber in abgelegenen Gebieten sieht ein kamar mandi folgendermaßen aus: im Raum befindet sich ein gekacheltes Becken, daneben oft das Hock-Klo. Irgendwo in diesem Raum gibt es immer eine knallbunte Schöpfkelle in blau, grün, gelb, rot oder lila, mit der man das Wasser aus dem Becken schöpft und sich damit übergießt.

kamar mandi	Bade- und Waschraum	*Zimmer baden*
mandi	duschen, sich waschen	
Sudah mandi?	Schon geduscht?	*schon baden*
kamar kecil	Toilette	*Zimmer klein*

In Indonesien sucht man oft vergeblich nach getrennten Toiletten für Männer und Frauen. Oft gibt es überhaupt keine Toiletten. In kleinen, abgelegenen Dörfern werden meist der Fluss, Bach oder für kleinere Geschäfte irgendwelche Sträucher benutzt. Mit der Frage „Di mana bisa buang air?“ „wo können wegwerfen Wasser“ lässt sich herausfinden, an welcher Flussstelle die „Dorftoilette“ ist.

Toilette & Co.

	Perempuan/Wanita	Frauen-WC
	Laki-laki/Pria	Männer-WC
	WC umum	öffentliche Toilette
	kakus	Toilette
wegwerfen Wasser groß	**buang air besar**	Stuhlgang haben
wegwerfen Wasser klein	**buang air kecil**	urinieren

Saya harus ke kamar kecil! Cepat!
ich müssen nach Zimmer klein! schnell
Ich muss zur Toilette. Schnell!

Saya harus ke belakang.
ich müssen nach hinten
Ich muss mal austreten (*dezenter*).

Hygiene- & Kosmetikartikel

krèm (bayi)	Creme (Baby-)
pembalut wanita	Damenbinden
déo	Deo
obat dèsinfèksi	Desinfektionsmittel
sikat sisir	Haarbürste
lap tangan, lap handuk	Handtuch
sisir	Kamm
kondom	Kondom
alat kecantikan, kosmetika	Kosmetik
kikir kuku	Nagelfeile
gunting kuku	Nagelschere
minyak	Öl (Körper-)
minyak wangi, parfum	Parfum
pinsèt, sepit, angkup	Pinzette

alat cukur	Rasierapparat
pisau silèt	Rasierklingen
pisau cukur	Rasiermesser
wangi-wangian	Rasierwasser
sabun - sampu	Seife - Shampoo
tampon	Tampons
sapu tangan	Taschentücher
koton	Watte
sikat gigi	Zahnbürste
pasta gigi, tapal gigi	Zahnpasta

tampat cici tangah
= Waschbecken

Schimpfen & Fluchen

So eigenartig es auch klingen mag, es gibt keine wirklichen Schimpfwörter in der indonesischen Sprache. Der Grund dafür liegt auf der Hand: Indonesisch ist übergeordnete Verkehrs-, Handels- und Mediensprache. Jeder Indonesier wächst mit seiner regionalen Muttersprache auf und lernt meistens erst in der Schule Bahasa Indonésia. Bahasa Indonésia ist sozusagen für alle Indonesier eine Fremdsprache, mit der sie sich untereinander verständigen können. Wer einmal schimpfen oder fluchen will, tut das in seiner Muttersprache.

Trotz alledem gibt es ein paar Schimpfwörter, die man aber wirklich nicht anwenden sollte:

	makian	Beschimpfung
Gehirn Beton	**otak beton**	Betongehirn
	goblok	Blödmann
Kopf leer	**kepala kosong**	Dummkopf
Kopf Kokosnuss	**kepala kelapa**	Hohlkopf
wenig Licht	**kurang cahaya**	unterbelichtet

Gerät man in eine Situation, in der man sehr bedrängt wird (das gilt vor allem für Frauen):

kurang ajar	wenig gebildet, gelehrt
kurang sopan	wenig höflich

Literaturhinweise

Lehrbücher / Grammatiken

Bahasa Indonesia, Nothofer/Pampus, J. Groos 2004, Lehrbuch Teil 1, 247 Seiten. Dazu gibt es ein Wörterbuch und 4 Kassetten. *(das meines Erachtens beste Lehrbuch)*

Bahasa Indonesia, Langkah Baru: a new approach, Y. Johns/R. Stokes, Faculty of Asian Studies in association with Australian National University Press 1994. *(Grammatik, Dialoge, viele Übungen, leider auf Englisch)*

Die hier aufgeführten Bücher sind nicht über den Reise Know-How Verlag Peter Rump GmbH erhältlich. Bitte wenden Sie sich an Ihre Buchhandlung.

Wörterbücher

Deutsch-Indonesisches Wörterbuch / Kamus Jerman-Indonesia, A. Heuken, Yayasan Cipta Loka Caraka PT Gramedia, Jakarta 1987, 40.000 Stichwörter. *(nur in Indonesien erhältlich)*

Langenscheidts Wörterbuch Deutsch-Indonesisch, A. Heuken, Langenscheidt 2001, 662 S., 50.000 Stichwörter.

Wörterbuch Deutsch-Indonesisch, Kahlo/Simon-Bärwinkel, Hueber 1989, 400 Seiten, 18.000 Stichwörter.

Indonesisch-Deutsches Wörterbuch, Prof. Dr. Karow / Dr. Hilgers-Hesse, Harrassowitz 1986, 494 S. *(das beste Wörterbuch; verwendet allerdings noch die alte Schreibweise, großer Vorteil: alle Ableitungen (Vor- und Nachsilben) werden unter dem Grundwort aufgeführt)*

Wörterbuch Indonesisch-Deutsch, Krause, Hueber 2002, 1.058 S.

Ein einfaches und schnelles Internetwörterbuch mit ca. 15.000 Wörtern ist unter www.jot.de zu finden.

Wörterliste Deutsch – Indonesisch

Foto: Gunda Urban

In der Wörterliste können Wörter oder Buchstaben in Klammern entfallen. Wörter, zwischen denen ein Schrägstrich steht, können untereinander ausgetauscht werden.

Abkürzungen	
a.	auch
europ.	europäisch
etw.	etwas
finanz.	finanziell
jem.	jemanden
KW	Kategoriewort
n.	nicht
nachgest.	nachgestellt
örtl.	örtlich
Steig.	Steigerung
vorangest.	vorangestellt
zeitl.	zeitlich

A

abbiegen (umkehren) bélok
Abend malam
Abendessen makanan, malam
aber tetapi
abgekocht rébusan
abreisen berangkat, pergi
Absicht maksud
Adresse alamat
Akku (Auto) aki
alle segala, semua, sekalian
alle(s) semua
alleine sendiri
allerlei berbagai
als (Vergleich) dari(pada)
als (zeitl.) waktu, bila, ketika, masa
alt (antik) kuno
alt (Dinge) lama
alt (Personen) tua
Alter (Lebens-) umur
altmodisch kuno
am meisten paling
an di
andere(r, -s) lain
Anfang permulaan
anfangen (me)mulai
Angestellte(r) pegawai
Angst takut
ängstlich takut
ankern berlabuh
ankommen tiba, sampai
anprobieren mencoba
anstatt sebagai ganti
Antwort jawaban
antworten menjawab
Apotheke apotik
Arbeit kerja
arbeiten bekerja
Arbeiter(in) pekerja
ärgern, sich ... über merasa marah tentang
arm (sein) miskin
Arm lengan
Art macam
Arzt / Ärztin dokter
Aschenbecher asbak
auch juga
auf di atas
aufgehen (Sonne) terbit
aufmerksam berhati-hati
aufstehen bangkit, bangun
aufwachen bangun
Auge mata
aus (Material) dari(pada)
aus (zu Ende) habis
Auslegerboot sampan
ausruhen (ber)istirahat
außer selain (dari)
Auster tiram
Auto mobil

B

Baby bayi, orok
backen membakar
baden mandi
Badezimmer kamar mandi
Bahnhof setasiun
bald nanti
Bambus bambu
Bank (finanz.) bank
Bargeld uang kontan
Batik batik
Batterie baterai
Bauch perut
Bauer petani
Baum pohon
bedeuten berarti
Bedeutung arti
bei di, pada
Bein (Fuß) kaki, tungkai
beinahe (fast) hampir
beischlafen kawin, sanggama
Beispiel contoh
bekommen (men)dapat
benutzen memakai
Benzin bènsin
bequem énak
bereit (sein) siap
bereits (schon) sudah, telah
Berg gunung
Bericht lapor
Beruf pekerjaan
beschädigt rusak
besitzen punya
besser lebih baik
bestellen memesan, pesan
Bestellung pesanan
besten, am paling baik
besuchen berkunjung mampir
betrunken mabuk
Bett tempat tidur
Bettdecke/-laken seperai
betteln minta
bevor sebelum
Bewohner penduduk
bezahlen (mem)bayar
bezahlen, im voraus membayar dimuka
Biegung bélok
Bier bir
Bild lukisan
billig murah
bis sampai, hingga
bisschen, ein sedikit
bitte! silahkan!, tolong!, minta!
bitter pahit, tawar

Blatt (Papier) lembaran
Blatt (Pflanze) daun
bleiben tinggal
bloß (nur) saja
Blume bunga
Bluse keméja
Blut darah
Boden (Erde) tanah
böse (schlecht) jelèk
Botschaft Kedutaan Besar
Brauch (Sitte) adat, kebiasaan
brauchen perlu
Brei (Kinder-) pap
Brei (Reis-) bubur nasi
Brief surat
Brille kaca mata
bringen membawa
Brot roti
Brücke jembatan
Bruder saudara, laki-laki
Buch buku
Buchgeschäft toko buku
Bucht teluk, ceruk
Bürgermeister Kepala Kampung
Büro kantor
Bus bis
Butter mentéga

C

Celsius derajat
chartern menyewa
Chauffeur sopir
Chef kepala
Chinese Tionghoa
Chirurg ahli bedah
Christ Kristen

Wörterliste Deutsch – Indonesisch

Christentum agama kristen
Computer komputer
Container kontainer
Couch kursi panjang
Creme krém

D

da di situ
da sein ada
damals di kala itu
damit (um zu) supaya, agar (supaya)
damit nicht supaya jangan
danach kemudian
daneben di sebelah
danke! terima kasih!
dann kemudian, lalu
Datum tanggal
Dauer lamanya
Decke (Bett-) selimut
defekt rusak
denken (an) memikir(i)
denken (nach-) berpikir
deponieren titip
deshalb karena itu
dick gemuk
Dieb(in) pencuri
Diebstahl pencurian
dies(-e, -er, -s) ini
direkt terus, langsung
doch tetapi
Doktor dokter
Dolch keris
Dorf désa, kampung
dort (hinten) di sana
dorthin ke sana
draußen di luar
draußen, nach ... gehen keluar
drinnen di dalam
Drogerie toko obat
dumm bodoh
dunkel gelap
dünn (fein) halus, tipis
durch (hin-) terus
dürfen bolèh
Durst, durstig haus

E

Ebbe air surut
eben (flach) datar
eben erst baru
Ehefrau istri
Ehemann suami
Ehre, Ehrerbietung hormat
Ei telur
eigentlich sebetulnya
einbrechen membongkar
einfach mudah
einige beberapa
einladen mengundang
Einladung undangan
einmal sekali
Einschreiben (surat) tercatat
einsteigen naik
Einwanderungsbüro Kantor Imigrasi
einwilligen kabul
Eis (Speise-) èskrim
Eis(würfel) ès(batu)
Elektrizität listrik
Eltern orang tua
empfinden merasa
Ende akhir
eng (schmal) sempit
entfernt (weit) jauh
Entschuldigung! Ma'af!, Permisi (dulu)!
entweder ... oder atau ... atau pun
entwickeln (Filme) mencuci
Entzündung infèksi
er dia, ia
Erdnüsse kacang
erhalten mendapat, menerima
erinnern, sich ingat
Erkältung masuk angin
erklären menerangkan
Erlaubnis ijin
erlaubt bolèh
Ersatz ganti
Ersatzteil (Kfz) bagian pengganti, onderdil
erscheinen terbit
erschöpft létak

erste(-r, -s) yang pertama
erstens pertama
ertragen (aushalten) tahan
erwachsen déwasa
Erwachsene(r) déwasa
erzählen (mem)bilang
Erzeugnis buatan
essen makan
Essen makanan
Essensstand warung
Export èkspor
Express èksprès

F

Fabrik pabrik
fähig sein (zu tun) tahu
Fähre tambangan, feri
fahren mit naik
Fahrkarte karcis
Fahrrad sepéda
fallen jatuh
falsch salah
Familie keluarga, pamili
Farbe warna
fast (beinahe) hampir
fasten berpuasa
Fastenzeit waktu puasa
faul (träge) malas, lamban
Feiertag hari raya
feilschen menawar
fein (dünn) halus
Feind musuh
Fenster jendéla
fertig (sein) habis, siap, selesai
festhalten (etw.) memegang
feucht lembab
Feuer api
Fieber demam
Film film, pilèm
finden (entdecken) menemukan
Fisch ikan
flach (eben) datar
Flasche botol
Fleisch daging
fleißig (aktiv) rajin, giat
Fliege lalat
fliegen terbang
Flughafen lapangan terbang
Flugzeug kapal terbang
Fluss kali, sungai
Flut air pasang
folgen ikut
fortgehen pergi
fortlaufen lari
Fotoapparat alat potrèt, kamera
fotografieren memotrèt
fragen bertanya
Frau (Anrede) Nyonya
Frau perempuan, wanita
Fräulein (Anrede) Nona
frech (unartig) nakal
Fremder orang asing
Freund teman
Frieden perdamaian
frisch sejuk
fröhlich gembira, riang
Front (Vorderseite) hadapan
Frucht buah
früher tadi, dulu, dahulu
Frühstück makanan pagi
fühlen (empfinden) berasah
führen (leiten) memimpin(kan)
für untuk
Fuß kaki
Fußweg jalan setapak

Gabel garpu
gar masak
Garten kebun
Gasse (kleiner Weg) gang
Gästehaus wisma
geben (mem)beri
Gebiet (Region) daérah
gebildet ajar
geboren (werden) lahir
gebraten gorèng
gebrochen (entzwei) patah

Gedanke (Idee) rasa, pikir(an)
Geduld sabar
Gefahr bahaya
gefährlich berbahaya
Gefühl rasa, perasaan
gehen pergi
gehen, nach Hause pulang
gehen, zu Fuß jalan kaki
gekocht rébus
gekränkt sakit hati
Geld uang
gemacht dibuat
Gemüse sayur(-sayuran)
genau teliti, tepat
genug cukup
gerade (etw. tun) sedang, lagi *(vorangest.)*
geradeaus terus, langsung, jurus
gerne haben (jem.) nenang dengan, cinta (akan), mencintai
gerne tun / mögen senang, suka
Geschäft (Laden) toko
geschäftlich dagang
Geschenk hadiah
geschickt (fähig) pintar
geschieden (von) bercerai (dengan)
geschlossen tutup
Geschmack rasa
Geschwindigkeit kecepatan
Gesicht muka
Gespräch cakap
gestern kemarin
gesund (sein) sehat, segar
Gesundheit sehat
Getränk minuman
gewinnen menang
gewöhnlich biasa
gibt es ada
Gift bisa, racun
Glas (Fenster-) kaca
Glas (Trink-) gelas
glatt licin
glauben percaya
gleich (später) sebentar
gleich sein seperti
glitschig (Straße) licin
glücklich berbahagia
Gold emas
Gott Tuhan
Gras ramput
Grenze batas
Grippe inpluènsa
groß besar
Großstadt kota besar
Grund (Ursache) sebab
Gruppe rombongan
grüßen memberi salam, memberi hormat
Gürtel ikat pinggang
gut bagus, baik

H

Haar rambut
haben (besitzen) punya
Hafen labuhan
Hafen (pe)labuhan
halb seténgah
Hälfte téngah
Hammer palu
Hand tangan
handeln menawar
Händler orang dagang
Handtuch handuk
Handwerker tukang
hart keras
hässlich buruk, jelèk
Hauptstadt ibu kota
Haus rumah
Hausangestellte pembantu rumahtangga
Hausfrau (-herrin) ibu rumahtangga
Haut kulit
heimkehren pulang
Heirat kawin, nikah
heiraten kawin, nikah
heiß panas
hektisch ramai
helfen membantu, bantu
hell (klar) terang

Hemd keméja
hergestellt dibuat
Herr tuan
herrlich sedap
herstellen membuat, (mem)bikin
Hersteller pembuat
heute hari ini
hier di sini
Hilfe bantu
Hilfe! tolong!
Himmel langit
hinabsteigen turun
hinaufgehen naik
hineingehen masuk
hinfallen jatuh
hinlegen, sich berbaring
hinten di belakang
Hitze panas
hoch tinggi
hoffen harap
Höhle gua
holen (nehmen) (meng)ambil
Holz kayu
Honig madu
hören (zuhören) mendengar, dengar
Hose celana
Hotel hotèl, wisma
Huhn ayam
Hühnerfleisch daging ayam
Hund anjing
Hunger, hungrig lapar

I

ich saya
ideal sempurna
Idee pikiran
Idiot orang gila
Imbiss makanan ringan
immer selalu, selamanya
impfen menyuntik
Impfung vaksinasi, suntikan
Import impor
indem sambil, jedang
Industrie industri, kerajinan
Information penerangan, informasi
Inhalt isi
Inhaltsverzeichnis daftar isi
Injektion suntik
inklusive termasuk
inmitten di tengah, tengah
in(nen) di dalam
Inneres dalam
ins, in das ke dalam
Insekt serangga
Insel nusa, pulau
Inselbewohner penduduk pulan
insgesamt semuanya
insofern sejauh, sampai begitu
intakt utuh
intelligent pandai, cerdas
intensiv intensip
interessant menarik, interesan
Interesse perhatian
international sedunia, international
intim intim
inzwischen selama itu
irgendeine(r) seseorang
irgendwann kapan-kapan
irgendwo dimana saja
Ironie ironi
irre gila, bigung
irreführen menyesatan
Islam islam

J

ja ya
Jacke baju, jakèt
Jagd pemburuan
jagen berburu
Jahr tahun
jahrelang bertahun, tahun
Jahreswechsel pergantian tahun

Jahreszeit musim
jährlich tiap tiap tahun
jähzornig cepat marah
Jahrzehnt dékade
jawohl ya, betul
jede(r, -s) tiap(-tiap), setiap
jedermann setiap orang
jedesmal tiap kali
jedoch tetapi
jemals pernah
jene(r, -s) itu
jetzt sekarang
jucken gatal
jugendlich muda
Jugendliche pemuda
jung muda
Junge anak laki laki
jünger lebih muda
just baru saja
Juwelier tukang emas/intan
Jux luca, banyolan

K

Kaffee kopi
Kakao coklat
kalt dingin
Kamm sisir
kaputt (zerbrochen) rusak
Kasse kas
Kassierer kasir
Katze kucing
kaufen (mem)beli
kein(e, -er) bukan
Kellner pelayan
kennen kenal, tahu
Kerze lilin
Kilogramm kilo
Kilometer kilométer kilo
Kind anak
Kinderarzt dokter kanak-kanak
Kino bioskop
Kissen bantal
Klasse kelas
Kleidung pakaian
klein kecil
klug pandai, pintar
Knochen tulang
kochen (me)masak
Kokosnuss kelapa
komfortabel énak
komisch (ulkig) lucu
kommen datang
Kondom kondom
König(in) raja, ratu
können sanggup, bisa
Konsulat konsulat
Kontakt hubungan
Kopf kepala
Koralle(n) karang
Körper tubuh, badan
kosten berharga
köstlich sedap, énak
Krabben udang
krank (sein) sakit
Krankenhaus rumah sakit
Küche dapur
Kuchen kué
kühl sejuk
kurz pèndèk, singkat
Kuss cium, kucup
küssen mencium, mengucupi

L

lachen tertawa, ketawa
Laden toko
Lamm domba
Lampe lampu
Land (Boden) tanah
Land (Staat) negeri
lang panjang
lange (Zeit) lama
langsam lambat
langsam pelan-pelan
langweilig (men)jemu(kan), bosan
lasst uns ...! mari(lah) kita ...!
laufen (rennen) lari
leben hidup
Leben kehidupan
Leber hati
Leder kulit
leer kosong
legen (stellen) meletakkan

lehren mengajar
Lehrer(in) pengajar, guru
leicht (mühelos) mudah
leicht énténg
leider sayang
lernen belajar
lesen membaca
Liebe cinta, kasih, sayang
lieben mencintai, mengasihi, menyayangi
lieblich (süß) manis
Lied lagu
links kiri
Liste daftar
Loch lobang
Löffel séndok
Lohn (Gehalt) gaji
Luft(raum) udara
Luftpost pos udara

M

machen (tun) membuat, membikin
Mädchen gadis
Mal (ein-) kali
manchmal kadang-kadang
Mann laki
Markt pasar
Maske topèng
Matsch (Schlamm) lumpur
Medizin (Arznei) obat
Meer laut
mehr lebih
meinen (denken) mengira
Meinung pendapat, rasa, kira
Menge (Anzahl) jumlah
Mensch orang
Messer pisau
Miete séwa
mieten menyéwa
Milch susu
Milch (Kondens-) susu kental
Milch (Voll-) susu lengkap
Mineralwasser air mineral
minus kurang
Minute ménit
mit dengan
Mittag siang
Mittagessen makanan siang
Mitte téngah
möchten (wollen) mau
mögen (gerne tun) suka, senang
möglich sein boléh
Moment sebentar
Monat, Mond bulan
morgen bésok
Morgen, der pagi
morgens pagi-pagi
Moschee mésjid
Moskito nyamuk
Moskitonetz kelambu
Motorboot kapal motor
Motorrad sepéda motor
müde (erschöpft) lelah
Muschel kerang
Museum musium
müssen mesti, harus
Muster contoh
mutig berani
Mutter ibu
Muttersprache bahasa ibu

N

nach (zu) ke
nachdem sesudah, setelah
nachher nanti, kemudian
Nachmittag soré, petang
Nachricht kabar, berita
Nacht malam
nah dekat
Name nama
nass basah
Nationalität kebangsaan
neben di sebelah
nehmen (meng)ambil
nein tidak
nett (gut) baik
neu baru
nicht tidak

nicht ... sondern ... tidak ... melainkan ...
nie tidak pernah
niedrig rendah
noch masih
noch (immer) lagi
noch mehr masih lagi
noch nicht belum
noch nie belum pernah
Norden utara
normal (üblich) biasa
nötig (sein) usah, perlu
Nudeln mi, bihun, bakmi
Nummer nomor
nur saja, hanya
Nutzen, Vorteil guna

O

oben (auf) di atas
Oberseite atas
Obst(sorten) buah(-buahan)
Obstsaft sari buah
obwohl walaupun, mèskipun
oder atau
offen (geöffnet) buka, terbuka
öffentlich umum
öffnen membuka
oft sering, berkali-kali
ohne tanpa
Öl (Speise-, Parfüm-) minyak
Öl (Motor-) oli
Osten timur

P

Paket bungkus, pakét
Panne (Auto-) mogoknya kendaraan
Papier kertas
parken memarkir, parkir
Pass paspor
Passagier penumpang
Pension losmén
Personalausweis surat keterangan
Pfeffer mérica, lada
Planze tumbuhan
Platz tempat
plötzlich tiba-tiba
plus tambah
Polizei polisi
Polizeiwache kantor polisi
Postamt kantor pos
Postkarte kartu pos
Preis harga

Q

Qualität kwalitèt
Quantität jumlah
Quelle (Wasser) mata air
Quittung kwitansi

R

Rabatt potongan, rabat
rauchen merokok
rechts kanan
reden (ber)bicara
Regen, regnen hujan
reich kaya
reif masak
Reis (gekocht) nasi
Reis (geschält) beras
Religion agama
rennen (laufen) lari
reparieren perbaiki
Restaurant réstoran, rumah makan
richtig betul
Richtung jurusan
riechen mencium
Rikscha bécak
Rind sapi, lembu
Rindfleisch daging sapi
Ring cincin
Rock (europ.) rok
Rückseite belakang
rufen memanggil
Ruhe (Pause) istirahat
ruhelos, nervös gelisah

S

Saft air
sagen berkata
Salz garam

salzig asin
Sand pasir
satt kenyang
sauber bersih
sauber machen membikin bersih
sauer asam
Schachtel kotak
schade sayang
Schaden (Defekt) kerusakan
Schaden (Nachteil) rugi
Schalter (Karten-) lokèt
scharf (heiß) panas
scharf gewürzt pedas
scheiden, sich cerai
Schere gunting
schicken kirim
Schiff kapal laut
schlafen tidur
Schlafzimmer kamar idur
schlagen pukul, memukul
Schlange ular
schlecht kurang baik,
schließen menutup(i), tutup
Schloss ibu kunci
Schluss habis
Schlüssel kunci
Schmerz sakit
Schmuck hiasan
schmutzig kotor
schnell cepat, lekas
Schnitzerei ukiran
Schokolade coklat
schon sudah, telah
schon einmal sudah pernah
schön (Dinge) baik, bagus, indah
schön (Frauen) cantik
Schrank lemari
schreiben menulis
schreien menjerit
Schuh sepatu
Schüler(in) murid, pelajar
schwach lemah
Schwein babi
Schweinefleisch daging babi
schwer berat
Schwester saudara perempuan
schwierig (mühevoll) sulit, sukar
Schwierigkeit kesulitan
schwimmen berenang
See (Binnen-) danau
seekrank mabuk laut
Segelboot perahu
Segelschiff kapal layar
sehen lihat
sehr sekali
Seide sutera
Seife sabun
Seil (Schnur) tali
seit(dem) sejak
Seite samping, sisi
Sekunde détik
setzen, sich duduk
sicher (sein) aman
sie dia, ia *(Ez)*, meréka *(Mz)*
Sie (höflich) saudara
Silber pérak
singen bernyanyi
sitzen duduk
Sitzplatz tempat duduk
so dass sehingga
sodann lalu, kemudian
soeben (gerade) tadi
sofort seketika
Sohn anak laki-laki
Sommer musim panas
sondern melainkan
Sonne mata hari
sowohl ... als auch mana ... mana
später (hari) kemudian, nanti
spazierengehen jalan-jalan
Speise makanan
Speisekarte daftar makanan
speziell (besonders) khusus, istiméwa
Spiel permainan
spielen (ber)main
Sprache bahasa
sprechen bicara
Staat negara, negeri

Stadt kota
stark (kräftig) kuat
Station setasiun
stehlen (men)curi
steil curam
Stein batu
sterben meninggal
Stern bintang
still sein diam
Stoff kain
stoppen (anhalten) berhenti
stören (belästigen) menganggu
Strand pantai
Straße jalan
Streichhölzer korèk api
Strömung arus
Student(in) mahasiswa, pelajar
Stuhl kursi
Stunde jam
suchen mencari
Süden selatan
Summe jumlah
Suppe sop, gulai, soto
süß manis
Süßigkeiten gula-gula
Swimming-pool kolam berenang

T

Tag hari
täglich tiap hari
Tankstelle setasiun bènsin
Tanz tari
tanzen menari, bertari
Tasche tas, kantong
Tasse cangkir
Taxi taksi
Tee tèh
teilnehmen ikut, turut
Telefon télépon, tilpun
telefonieren menélépon
Telegramm télégram, kawat
Teller piring
Tempel candi
teuer mahal
Theater sandiwara
tief dalam
Tier binatang
Tisch méja
Tochter anak perempuan
Tod (sein) mati
Toilette kamar kecil
Touristenbüro Kantor Pariwisata
Tradition adat
tragen (mem)bawa
Träne(n) air mata, tangis
träumen mimpi
traurig sedih (hati)
treffen (zufällig) merodong
treffen, sich bertemu
trinken minum
Trinkwasser air putih
trocken kering
tu nicht! jangan(lah)!
Tür pintu

U

über (via) léwat
überfüllt ramai
überrascht héran
übrigbleiben tinggal
Ufer pantai
Uhr (Armband-) arloji
Uhr (Stunde) jam
um zu untuk *(+ Verb)*
umfallen rebah, jatuh
Umgebung sekeliling
umsteigen pindah
und dan
Unfall kecalakaan
ungefähr kira-kira, barang
ungültig batal
Universität univérsitas
Unsinn omong kosong
unten di bawah
untergehen tenggelan
Unterschrift tulisan tangan
ursprünglich asal, asli
Urwald hutan rimba

V

Vater (Anrede) Bapak
Vater (leiblicher) ayah

vegetarisch végétaris
verboten dilarang
verbrennen membakar
Verdienst (Gehalt) gaji
verdorben (Speise) busuk
vergessen lupa
verheiratet kawin
verkaufen (ber)jual
verlassen berangkat
verlieren (Dinge) hilang
verlieren (Spiel) kalah
verlobt tunang
verloren (sein) hilang
Verlust rugi
vermuten mengira
verpacken membungkus
verrückt (nach) gila (akan)
verschieden lain
Versicherung asuransi
verspätet terlambat
versprechen berjanji
Versprechen janji
Verstand (Vernunft) otak, pikir
verstehen mengerti
versuchen mencoba
Verwandtschaft keluarga
viel(e, -es) banyak
vielleicht barangkali
Vogel burung
voll penuh
von (örtl.) dari
vor (räuml.) di muka, di depan
vorbei (zeitl.) lalu
vorhin (soeben) tadi
Vorsicht awas
Vulkan gunung api

W

Wagen keréta
wählen (Telefon) memutar
während sedang, sambil
Wald hutan
wann? kapan?, bila(mana)?
Ware(n) barang-barang
warm (heiß) hangat
warnen memberi ingat
warten tunggu
warum? mengapa?, kenapa?
was? apa?
was für ein? apa?
waschen mencuci
Wasser air
Wasserfall air terjun
Wechselkurs perbandingan harga
wechseln (tauschen) bertukar, tukar
wecken menjagakan
Weg jalan, gang
wegwerfen buang
Weihnachten hari natal
weil sebab, karena
weinen menangis
weit jauh
welche(r, -s) yang
welche(r, -s)? (yang) mana?
Welt dunia
wenig sedikit
weniger kurang
wenn apabila, (ji)kalau
wer? siapa?
werden (Zukunft) akan
Werkstatt bèngkèl
Werkzeug alat
Westen barat
Wetter cuaca, udara
wichtig penting
wie seperti
wie? bagaimana?
wiederkommen kembali
wie viel? berapa?
Wind angin
Winter musim salju
wissen tahu
wo? di mana?
Woche minggu
Wochenende malam minggu
wofür? untuk apa?
woher? dari mana?
wohin? ke mana?
wohlfühlen, sich senang

wohnen tinggal, diam
Wolke(n) awan
wollen mau
womit? dengan apa?
woraus? dari apa?
Wort kata
wozu? apa gunanya?
Wunde luka
wünschen hendak
wütend marah

Z

Zahl (Ziffer) angka
zählen (rechnen) membilang
Zahn, Zähne gigi
Zahnarzt doktèr gigi
Zahnbürste sikat gigi
Zahnpasta pasta gigi, tapal gigi
Zeit waktu
Zeitung surat kabar
Zentrum, zentral pusat
ziehen menarik
Zigarette rokok, sigaret
Zigarette (Nelken-) (rokok) krètèk
Zimmer kamar
Zoo kebun binatang
zornig marah
zu (nach) ke
zu (Personen) kepada
zu (sehr) terlalu
Zucker gula
zufällig kebetulan
Zug keréta api
Zukunft, in masa depan
zurück kembali
zurückgehen pulang
zurückkommen kembali
Zustand keadaan
zustimmen kabul
zuviel terlalu banyak
zwischen di téngah, di antara

Foto: Gunda Urban

Am Strand (Lombok)

Wörterliste Indonesisch – Deutsch

A

adat da sein, es gibt
ada Tradition, Sitte
agama Religion
agama kristen Christentum
agar (supaya) damit, um zu
ahli bedah Chirurg
air Wasser; Saft
air mata Träne
air pasang Flut
air putih Trinkwasser
air soda, air mineral Mineralwasser
air surut Ebbe
air susu Muttermilch
air terjun Wasserfall
ajar gebildet
akan werden (Zukunft)
akhir Ende
aki Akku (Auto)
alamat Adresse
alat Werkzeug
alat potrét Fotoapparat
aman sicher (sein)
ambil holen, nehmen
anak Kind
anak laki-laki Sohn, Junge
anak perempuan Tochter
angin Wind
angka Zahl, Ziffer
anjing Hund
antara, di zwischen
apa? was?
apa? was für ein? *(nachgest.)*
apabila wenn, falls
apa, dari ...? woraus?
apa, dengan...? womit?
apa gunanya? wozu?
apa, untuk ...? wofür?
api Feuer
apotik Apotheke
arloji Uhr (Armband-)
arti Bedeutung
arus Strömung
asal (asli) ursprünglich (Herkunft)
asalnya eigentlich
asam sauer (Geschmack)
asbak Aschenbecher
asin salzig
asuransi Versicherung
atas Oberseite
atau oder
atau ... atau pun... entweder ... oder ...
Austria Österreich
awan Wolke(n)
awas Vorsicht
ayah (leiblicher) Vater
ayam Huhn

B

babi Schwein
badan Körper
bagaimana? wie?
bagian pengganti Ersatzteil
bagus gut, (Dinge)
bahasa Sprache
bahasa ibu Muttersprache
bahaya Gefahr
baik gut, schön (Dinge)
baju Jacke
bakmie Nudeln
bambu Bambus
bangkit aufstehen
bangolan Jux
bangun aufstehen
bank Bank (finanz.)
bantal Kissen
bantu Hilfe, helfen
banyak viel(e, -es)
bapak Vater (Anrede), Herr
barang ungefähr
barang-barang Ware(n)
barangkali vielleicht
barat Westen
baru neu, eben erst
baru saja im Moment, just
basah nass

Wörterliste Indonesisch – Deutsch

batal ungültig
batang Stamm, *KW*
batas Grenze
baterai Batterie
batik Batik
batu Stein
bawa tragen
bayar bezahlen
bayi Baby
beberapa einige
bécak Rikscha
bedungan Windel
bekerja arbeiten
belajar lernen
belakang Rückseite
belakang, di hinten
Belanda Niederlande
beli kaufen
bélok Biegung, abbiegen, umkehren
belum noch nicht
belum pernah noch nie
bèngkèl Werkstatt
bènsin Benzin
bentuk Bogen, Krümmung, *KW*
berangkat abreisen, verlassen
berani mutig
berapa? wie viel?
berarti bedeuten
beras Reis (geschält)
berasah fühlen, empfinden
berat schwer
berbagai allerlei
berbahagia glücklich
berbahaya gefährlich
berbaring hinlegen, sich
berbicara reden
berburu jagen
bercerai (dengan) geschieden (von)
berenang schwimmen
berharga kosten
berhati-hati aufmerksam, vorsichtig
berhenti stoppen, anhalten
berhitung zählen, rechnen
beri geben
beristirahat ausruhen
berita Nachricht
berjanji versprechen
berjual verkaufen
berkali-kali oft, öfter
berkata sagen
berkunjung besuchen
berlabuh ankern
berlangsung dauern
bermain spielen
bernyanyi singen
berpikir nachdenken
berpuasa fasten
bersih sauber
bertahun-tahun jahrelang
bertanya fragen
bertari tanzen
bertemu sich treffen
bertukar wechseln, umtauschen
besar groß
bésok morgen
betapa? wodurch?
betul richtig, jawohl
biasa normal, üblich
bicara sprechen, reden
bidang Fläche, *KW*
bihun Nudeln
biji Kern, KW
bikin herstellen
bila als (zeitl.)
bila(mana)? wann?
bilang erzählen
binatang Tier
bingung irre
bintang Stern
bioskop Kino
bir Bier
bis Bus
bis malam Nachtbus
bisa können, imstande sein; Gift
bodoh dumm
bolèh erlaubt, möglich sein, dürfen
bosan langweilig
botol Flasche
buah Frucht, *KW*
buah(-buahan) Obst(sorten)
buang wegwerfen

buatan Erzeugnis
bubur nasi Reisbrei
buka offen, geöffnet
bukan kein(e, -er)
buku Buch
bulan Mond; Monat
bunga Blume
bungkus Paket
buruk, jelèk hässlich
burung Vogel, *KW*
busuk verdorben (Speise)
butir Korn, *KW*

C

cabang Zweigstelle
cakap Gespräch
candi Tempel
cangkir Tasse
cantik schön (Frauen)
carik Stück, Streifen, *KW*
celana Hose
celana pèndèk Shorts
cepat schnell
cepat marah jähzornig
cerai trennen, sich scheiden lassen
cerdas intelligent
ceruk Bucht
cincin Ring
cinta Liebe
cinta (akan) gerne haben (jem.)
cium Kuss
coklat Schokolade, Kakao
contoh Muster, Beispiel
cuaca Wetter
cukup genug
curam steil, abschüssig
curi stehlen

D

daérah Gebiet, Region
daftar isi Inhaltsverzeichnis
daftar makanan Speisekarte
dagang geschäftlich
daging Fleisch
daging ayam Hühnerfleisch
daging babi Schweinefleisch
daging sapi Rindfleisch
dahulu früher
dalam Inneres; tief
dalam, di drinnen, innen, in
dan und
danau (Binnen-)See
dapat bekommen; können, imstande sein
dapur Küche
darah Blut
dari von (örtl.)
dari(pada) als (Vergleich); aus (Material)
datang kommen
datar flach, eben
daun Blatt (Pflanze)
dekade Jahrzehnt
dekat nah
demam Fieber
dengan mit
dengar hören
depan, di vor (räuml.)
derajat Celsius
désa Dorf
détik Sekunde
déwasa erwachsen, Erwachsene(r)
di an, bei
di atas oben, auf
di bawah unten
di dalam in, innen
di mana saja irgendwo
di sebelah daneben
di téngah in der Mitte
dia er, sie *(Ez)*
diam wohnen, still sein
dibuat hergestellt, gemacht
dilarang verboten
dingin kalt
doktèr Arzt, Ärztin
doktèr gigi Zahnarzt
doktèr kanak-kanak Kinderarzt
domba Lamm

Wörterliste Indonesisch – Deutsch

duduk sitzen, sich setzen
dulu früher
dunia Welt

E

ékor Schwanz, KW
èkspor Export
èksprès Express
emas Gold
énak bequem; köstlich
énténg leicht (nicht schwer)
ès(batu) Eis(würfel)
èskrim (Speise-)Eis

F

famili Familie
feri Fähre
film Film

G

gading Elfenbein
gadis Mädchen
gaji Lohn, Gehalt
gang Gasse, kleiner Weg
ganti Ersatz
garam Salz
garpu Gabel
gatal jucken
gelap dunkel
gelas (Trink-)Glas
gelisah ruhelos, nervös
gembira fröhlich
gemuk dick
giat fleißig, aktiv
gigi Zahn/Zähne
gila (akan) verrückt (nach), irre
gorèng gebraten
gua Höhle
gula Zucker
gula-gula Süßigkeiten
gulai Suppe
guna Nutzen, Vorteil
gunting Schere
gunung Berg
gunung api Vulkan
guru Lehrer(in)

H

habis fertig (sein), aus, Schluss, Ende
hadapan Vorderseite
hadiah Geschenk
halus fein, dünn
hamil schwanger
hampir beinahe, fast
handuk Handtuch
hangat warm, heiß
hanya nur
harap hoffen
harga Preis
hari Tag
hari ini heute
hari natal Weihnachten
hari kemudian / nanti später
hari raya Feiertag
harus müssen
hati Leber
haus Durst, durstig
helai Blatt, *KW*
hendak, ingin wünschen, wollen
héran überrascht,
hiasan Schmuck
hidup leben
hilang verschwinden, verlieren (Dinge)
hingga bis (örtl./zeitl.)
hormat Ehre, Ehrerbietung
hubungi Kontakt
hujan Regen, regnen
hutan Wald
hutan rimba Urwald

I

ia er, sie *(Ez)*
ibu Mutter
ibu kota Hauptstadt
ibu kunci Schloss
ibu rumahtangga Hausfrau, -herrin
idé Idee
ijin Erlaubnis

ikan Fisch
ikat pinggang Gürtel
ikut folgen, teilnehmen
indah schön (Dinge)
industri Industrie
inféksi Entzündung
informasi Information
ingat sich erinnern
ini dies, diese(r, -s)
inpluènsa Grippe
intensip intensiv
interesan interessant
internasional international
intim intim
ironi Ironie
islam Islam
isi Inhalt
istiméwa speziell, besonders
istirahat Ruhe, ausruhen
istri Ehefrau
itu jene(r, -s)

J

jaga aufpassen
jaket Jacke
jalan Straße, Weg
jalan-jalan spazieren gehen
jalan kaki zu Fuß gehen
jalan setapak Fußweg
jam Stunde, Uhr
jangan(lah)! tu nicht!
janji Versprechen
jatuh (hin)fallen
jauh entfernt, weit
jawaban Antwort
jelèk böse, schlecht
jembatan Brücke
jemu langweilig
jendéla Fenster
Jèrman deutsch
jeruk Zitrusfrucht
jika(lau) wenn, falls
jual verkaufen
juga auch
jumlah Menge, Anzahl
jurus geradeaus
jurusan Richtung

K

kabar Nachricht
kabul zustimmen
kaca Glas (Material)
kaca mata Brille
kadang-kadang manchmal
kain Stoff
kaki Bein; Fuß
kala, di ... itu damals
kalah verlieren (Spiel, Sport)
kalau wenn, falls
kali Fluss, Mal
kamar Zimmer
kamar kecil Toilette
kamar mandi Badezimmer
kamar tidur Schlafzimmer
kamera Fotoapparat
kami wir
kampung Dorf
kanan rechts
kantong Tasche
kantor Büro
kantor polisi Polizeiwache
kantor pos Postamt
Kantor Imigrasi Einwanderungsbüro
Kantor Pariwisata Touristenbüro
kapal laut Schiff
kapal layar Segelschiff
kapal motor Motorboot
kapal terbang Flugzeug
kapan? wann?
kapan-kapan irgendwann
karang Koralle(n)
karcis Fahrkarte
karena weil
kartu pos Postkarte
kasih Liebe, Zuneigung
kasir Kassierer
kassa Kasse
kata Wort
kawat Kabel

kawin Heirat, heiraten; beischlafen
kaya reich
kayu Holz
ke zu, nach
keadaan Zustand
kebangsaan Nationalität
kebetulan zufällig
kebiasaan Brauch, Sitte
kebun Garten
kebun binatang Zoo
kecalakaan Unfall
kecepatan Geschwindigkeit
kecil klein
ke dalam ins (in das)
Kedutaan Besar Botschaft
kelambu Moskitonetz
kelapa Kokosnuss
kelas Klasse
keluar nach draußen gehen
keluarga Familie, Verwandtschaft
kemarin gestern
kembali zurück, zurück-, wiederkommen
keméja Hemd, Bluse
kemudian danach, dann, später
kenal kennen
kenapa? warum?
kenyang satt
kepada zu (Personen)
kepala Kopf, Chef
Kepala Kampung Bürgermeister
kerang Muschel
kerajinan Industrie
keras hart
keréta Wagen
keréta api Zug
kering trocken
keris Dolch
kerja Arbeit
kertas Papier
kerusakan Schaden, Defekt
kesulitan Schwierigkeit
ketawa lachen
ketika als (zeitl.)
khusus speziell, besonders
kilo Kilogramm
kilo(méter) Kilometer
kira Meinung, Vermutung
kira-kira ungefähr, vielleicht
kiri links
kirim schicken, senden
kita wir
kolam berenang Swimming-pool
komputer Computer
kondom Kondom
kontainer Container
konsulat Konsulat
kopi Kaffee
korèk api Streichhölzer
kosong leer
kota Stadt
kota besar Großstadt
kotak Schachtel, Kasten
kotor schmutzig
krém Creme
krètèk Nelkenzigarette(n)
Kristen Christ, Christen
kuat stark, kräftig
kucing Katze
kucup Kuss
kuè Kuchen
kulit Haut, Leder
kunci Schlüssel
kuno alt(modisch), antik
kuntum Knospe, KW
kurang weniger, minus
kurang ajar/sopan frech
kurang baik schlecht
kursi Stuhl
kursi panjang Couch
kwalitèt Qualität
kwitansi Quittung

L

labuhan Hafen
lagi *(nachgest.)* noch (immer)

lagi *(vorangest.)* gerade (etw. tun)
lagu Lied
lahir geboren (werden)
lain anders, andere(r, -s)
laki Mann
lalat Fliege
lalu dann, vorig, vorbei
lama alt (Dinge) lange (Zeit)
lamanya Dauer
lamban faul, träge, müde
lambat langsam
lampu Lampe
langit Himmel
langsung geradeaus, direkt
lapangan terbang Flughafen
lapar Hunger, hungrig
lapor Bericht
lari laufen, rennen, fliehen
laut Meer
lebih mehr
lebih baik besser
lebih muda jünger
lekas schnell
lelah müde, erschöpft
lemah schwach
lemari Schrank
lembab feucht
lembar Faden, *KW*
lembaran Blatt (Papier)
lembu Rind
lengan Arm
létak erschöpft
léwat über, entlang, via
licin glitschig (Straße)
lihat sehen
lilin Kerze
listrik Elektrizität
lobang Loch
lokèt (Karten-)Schalter
losmén Pension
luar, di draußen
lucu komisch, ulkig, Jux
luka Wunde
lukisan Bilder
lumpur Matsch, Schlamm
lupa vergessen
lusa übermorgen

M

Ma'af! Entschuldigung!
mabuk betrunken
mabuk laut seekrank
macam Art
madu Honig
mahal teuer
mahasiswa Student(in)
main spielen
makan essen
makanan Speise, Essen
makanan malam Abendessen
makanan pagi Frühstück
makanan ringan Imbiss
makanan siang Mittagessen
maksud Absicht
malam Nacht, Abend
malam minggu Wochenende
malas faul, träge, müde
mampir besuchen
mana? welche(r, -s)?
mana ... mana sowohl ... als auch
mana, dari ...? woher?
mana, di ...? wo?
mana, ke ...? wohin?
mandi baden
manis lieblich, süß
marah wütend, zornig
mari(lah) kita ...! lasst uns ...!
masa als (zeitl.)
masa depan in Zukunft
masak kochen, reif, gar
masih noch
masih lagi noch mehr
masing-masing jede(-r, -s)

masuk hineingehen, untergehen (Sonne)
mata Auge
mata air Quelle (Wasser)
mata hari Sonne
mati Tod(sein)
mau wollen, möchten
méja Tisch
melainkan sondern
meletakkan legen, stellen
memakai benutzen
memanggil rufen
memarkir parken
memasak kochen
membaca lesen
membakar verbrennen, backen, rösten
membantu helfen
membatalkan widerrufen
membawa tragen, bringen
membayar (dimuka) (im voraus) bezahlen
membeli kaufen
memberi geben
memberi hormat grüßen
memberi ingat warnen
memberi salam grüßen
membersihkan sauber machen
membikin, membuat machen, tun, herstellen
membilang zählen, rechnen, erzählen
membongkar einbrechen
membuka öffnen
membungkus verpacken
memegang festhalten
memesan bestellen
memikir(i) denken (an)
memilih wählen (Telefon)
memimpin(kan) führen, leiten
memotrèt fotografieren
memukul schlagen
memulai anfangen
memutar wählen (Telefon)
menang gewinnen
menangis weinen
menari tanzen
menarik interessant, ziehen
menawar handeln
mencari suchen
mencatat eingeschrieben (Brief)
mencintai, mengasihi lieben, gerne haben
mencium küssen, riechen
mencoba versuchen, anprobieren
mencuci waschen, entwickeln (Filme)
mencuri stehlen
mendapat, menerima erhalten, bekommen
mendengar hören, zuhören
menélépon telefonieren
menemukan finden, entdecken
menerangkan erklären
mengajar lehren
mengambil holen, nehmen
mengganggu stören, belästigen
mengangkut transportieren
mengapa? warum?
mengelus streicheln, liebkosen
mengerti verstehen
mengira vermuten, meinen, denken
mengucupi küssen
mengundang einladen
meninggal sterben
ménit Minute
menitip(kan) in Verwahrung geben
menjadi werden (etw.)
menjagakan wecken
menjawab antworten
menjemu(kan) langweilig
menjerit schreien, kreischen

menjesatkan irreführen
mentéga Butter
menulis schreiben
menutup(i) schließen, zumachen
menyéwa mieten, chartern
menyuntik impfen
merasa empfinden, wahrnehmen
merasa marah tentang sich ärgern über
meréka sie *(Mz)*
merindukan sich sehnen nach
merodong treffen (zufällig)
merokok rauchen
mésjid Moschee
mèskipun obwohl, trotzdem
mesti müssen
mie Nudeln
mimpi träumen
minggu Woche
minta betteln
minta! bitte!
minum trinken
minuman Getränk
minyak (Speise-, Parfüm-)öl
miskin arm (sein)
mobil Auto
mogok Panne haben
mogoknya kendaraan Autopanne
muda jung, jugendlich
mudah einfach, mühelos
muka Gesicht
muka, di vor (örtl.)
mulai anfangen
murah billig
murid Schüler(in)
musim Jahreszeit
musim panas Sommer
musim salju Winter
musium Museum
musti müssen
musuh Feind

N

naik hinaufsteigen, -gehen, einsteigen, fahren mit
nakal frech, unartig
nama Name
nanti später, bald, nachher
nasi Reis (gekocht)
negara Staat
nikah Heirat, heiraten
nomor Nummer
Nona Fräulein (Anrede)
nusa Insel
nyamuk Moskito
Nyonya Frau (Anrede)

O

obat Medizin, Arznei
oli (Motor-)Öl
omong kosong Unsinn
onderdil Ersatzteil
orang Mensch, *KW*
orang asing Fremder
orang dagang Fremder, Händler
orang gila Idiot
orang tua Eltern
otak Gehirn, Verstand, Vernunft

P

pabrik Fabrik
pada bei
pagi (der) Morgen (6-11 Uhr)
pagi-pagi morgens
pahit bitter
pakaian Kleidung
pakét Paket
paling am meisten
paling baik am besten
palu Hammer
pamili Familie
panas heiß, scharf, Hitze
pandai klug, geschickt
panjang lang
pantai Ufer, Strand
pap (Kinder-)Brei

Wörterliste Indonesisch – Deutsch

parkir parken
pasar Markt
pasar malam Nachtmarkt
pasir Sand
paspor Pass
pasta gigi Zahnpasta
patah gebrochen, entzwei
pedas scharf gewürzt
pegawai Angestellte(r)
pekerja Arbeiter(in)
pekerjaan Beruf
pelajar Student(in), Schüler(in)
pelan-pelan langsam, gelassen
pelayan Kellner
pembantu rumahtangga Hausangestellte
pembuat Hersteller
pemburuan Jagd
pemukul Hammer
pencuri Dieb(in)
pencurian Diebstahl
pendapat Meinung, Auffassung
pèndèk kurz
penerangan Information
penduduk (pulan) Einwohner, (Insel-) Bewohner
pengajar Lehrer(in)
penting wichtig
penuh voll
penumpang Passagier
perahu Segelboot, Prau
pérak Silber
perang Krieg
perasaan Gefühl, Empfindung
perbaiki reparieren
perbandingan harga Wechselkurs
percaya glauben
perdamaian Frieden
perempuan Frau
pergantian tahun Jahreswechsel
pergi abreisen
pergi gehen, fortgehen
perhatian Interesse
perlabuhan Hafen
perlu nötig (sein), brauchen
permainan Spiel
Permisi (dulu)! Entschuldigung!
permuda Jugendliche
permulaan Anfang
pernah jemals
pertama erstens
perut Bauch
pesan bestellen
pesanan Bestellung
petang Nachmittag (15-18 Uhr)
petani Bauer
pikir Verstand, Vernunft
pikir(an) Gedanke, Idee
pilem Film
pindah umziehen (Wohnung), umsteigen (Bahn)
pintar; klug, geschickt
pintu Tür
piring Teller, Untertasse
pisau Messer
pohon Baum
polisi Polizei
pompa bènsin Tankstelle
pos udara Luftpost
potongan Rabatt
produksi Erzeugnis
pucuk Spross, Trieb, *KW*
pukul schlagen
pulang zurückgehen, heimgehen
pulau Insel
punya haben, besitzen
pusat Zentrum, zentral
putih weiß

R

rabat Rabatt
racun Gift
raja König(in), Fürst(in)
rajin fleißig, aktiv
ramai überfüllt, hektisch
rambut Haar
ramput Gras
rasa Empfindung, Gefühl, Geschmack, Gedanke, Idee

ratu König(in), Fürst(in)
rebah niederstürzen, umfallen
rébus gekocht
rébusan abgekocht
rendah niedrig
réstoran Restaurant
riang fröhlich
rok Rock (europ.)
rokok Zigarette
rombongan Gruppe
roti Brot
rugi Schaden, Nachteil, Verlust
rumah Haus
rumah makan Restaurant
rumah sakit Krankenhaus
rusak kaputt, zerbrochen

S

sabar Geduld
sabun Seife
saja bloß, nur
sakit krank (sein), Schmerz
sakit hati gekränkt
salah falsch
sambil während, indem
sampai ankommen, bis
sampai begitu insofern
sampan Auslegerboot
samping Seite
sana, di dort (hinten)
sana, ke dorthin
sandiwara Theater
sanggup können
sapi Rind
sari buah Obstsaft
saudara Sie (höflich)
saudara (laki-laki) Bruder
saudara (perempuan) Schwester
saya ich
sayang leider; Liebe
sayur(-sayuran) Gemüse
sebab Grund (Ursache), weil
sebagai ganti anstatt
sebelah, di neben
sebelum bevor
sebentar gleich später, Moment
sebetulnya tatsächlich, eigentlich
sedang während, gerade (etw. tun)
sedap köstlich, herrlich
sedia fertig (sein)
sedih (hati) traurig
sedikit wenig, ein bisschen
sedunia international
segala, sekalian alle
segar gesund (sein)
sehat Gesundheit, gesund
sehingga so dass
sejak seit(dem)
sejauh insofern
sejuk frisch, kühl
sekali einmal, sehr
sekalipun obwohl
sekarang jetzt
sekeliling Umgebung
seketika sofort
selain (dari) außer
selalu, selamanya immer, stets
selama itu inzwischen
selatan Süden
selesai fertig (sein)
selimut Decke, (Bett-)
semuanya insgesamt
sementara während
sempit eng, schmal
sempurna ideal
semua alle(s)
senang gerne tun, mögen, sich wohlfühlen
senang dengan gerne haben
sendiri alleine
séndok Löffel
sepatu Schuh, Stiefel
sepéda Fahrrad
sepéda motor Motorrad
seperai Bettdecke,-laken
seperti wie, gleich sein

serangga Insekt
sering oft, öfters
seseorang irgendeine(r)
sesudah nachdem
setasiun Station
setasiun bènsin Tankstelle
setasiun (keréta api) Bahnhof
setelah nachdem
seténgah halb
setiap jede(r, -s)
setiap orang jedermann
séwa Miete
siang Mittag (11-15 Uhr)
siap bereit/fertig (sein)
siapa? wer?
sigaret Zigarette
sikat gigi Zahnbürste
silahkan! bitte!
singkat kurz
sini, di hier
sisi Seite
sisir Kamm
situ, di da
sop, soto Suppe
sopir Chauffeur
soré Nachmittag (15-18 Uhr)
suami Ehemann
sudah bereits, schon
sudah pernah schon einmal
suka mögen, gerne tun
sukar, sulit schwierig, mühevoll
sungai Fluss
suntikan Injektion
supaya damit, um zu
supaya jangan damit nicht
surat Brief
surat kabar Zeitung
surat kawat Telegramm
surat keterangan Personalausweis
surat tercatat Einschreiben
susu Milch
susu kental Kondensmilch
susu lengkap Vollmilch
sutera Seide
Swiss Schweiz

T

tadi vorhin, früher
tahan ertragen
tahu können, wissen, fähig sein (zu tun)
tahun Jahr
taksi Taxi
takut Angst, ängstlich
tali Seil, Schnur
tambah plus
tambangan Fähre
tampar Tampon
tanah Grund, Boden
tangan Hand
tanggal Datum
tangis Träne
tanpa ohne
tapal gigi Zahnpasta
tari Tanz
tas Tasche
tawar bitter
téh Tee
telah schon
telah bereits (schon)
télégram; Telegramm
télépon Telefon
teliti genau, präzise
teluk Bucht
telur Ei
teman Freund
tempat Platz
tempat duduk Sitzplatz
tempat tidur Bett
téngah Mitte, Hälfte
téngah, di zwischen
tenggelam untergehen
tepat genau, präzise

terang hell (klar)
terbang fliegen
terbit erscheinen, aufgehen (Sonne)
terbuka offen, geöffnet
tercatat Einschreiben
terima kasih! danke!
terlalu zu (sehr)
terlalu banyak zuviel
terlambat verspätet
termasuk inklusive
tertawa lachen
terus (hin)durch, geradeaus
tetapi aber, doch, jedoch
tiap hari täglich
tiap kai jedesmal
tiap(-tiap) jede(r, -s)
tiap tiap tahun jährlich
tiba ankommen
tiba-tiba plötzlich
tidak nein, nicht
tidak ... melainkan nicht ... sondern
tidak pernah nie
tidur schlafen
tikar Matte, Schlafmatte
timur Osten
tinggal wohnen, sterben (zurück-, übrig)bleiben
tinggi hoch
Tionghoa Chinese
tipis dünn, fein
tiram Auster
titip in Verwahrung geben
toko Geschäft, Laden
toko obat Drogerie
tolong! Hilfe!, bitte!
topéng Maske
tua alt (Personen)
tuan Herr
tubuh Körper
Tuhan Gott
tukang Handwerker
tukang emas/intan Juwelier
tukar tauschen, wechseln
tulang Knochen
tulisan tangan Unter-schrift
tumbuhan Planze
tunang verlobt
tunggu warten
tungkai Bein, Fuß
turun hinabsteigen
turut teilnehmen
tutup geschlossen
tuturan Unterhaltung

uang Geld
uang kontan Bargeld
udang Hummer, Krabben
udara Luft(raum), Wetter
ukiran Schnitzerei
ular Schlange
umum öffentlich, allgemein
umur (Lebens-)Alter
undangan Einladung
univèrsitas Universität
untuk für
untuk *(+ Verb)* um zu
usah nötig (sein)
utara Norden
utas Schnur, Band, *KW*
utuh intakt

waktu Zeit, als (zeitl.)
waktu puasa Fastenzeit
walaupun obwohl
wanita Frau
warna Farbe
warung Essensstand
wisma Gästehaus, Hotel

ya ja, jawohl
yang welche(r, -s)
yang pertama erste(r, -s)

Weitere Titel

Bali & Lombok

978-3-8317-2914-2

732 Seiten | 22,50 Euro [D]

CityTrip Yogyakarta

978-3-8317-2264-8

144 Seiten | 11,95 Euro [D]

aufgeschnappt & aufgeschrieben

Die Autorin

Gunda Urban, Jahrgang 1956, studierte an der FH Bielefeld Foto-/ Film-Design. 1982 reiste sie zum ersten Mal nach Indonesien. Da die Reiseroute hauptsächlich durch von Touristen nicht bereiste Gebiete der Kleinen Sunda-Inseln führte, wo kaum jemand Englisch sprach, sie sich aber trotzdem verständlich machen wollte, blieb ihr nichts anderes übrig, als Indonesisch zu lernen. Seitdem sie die Sprache spricht, reist sie jährlich mehrere Monate durch Indonesien.

Anderen Reisenden das Erlernen der Sprache zu erleichtern, war ihre Intention, als sie begann, dieses Sprachbuch zu schreiben.

Peter Rump, Autor des Reisehandbuches „Bali & Lombok" nahm die Idee auf und konzipierte die Reihe Kauderwelsch. „Indonesisch - Wort für Wort" ist der erste Band der mittlerweile über 220 Bände umfassenden Reihe.

Gunda, Peter und Sohn Wayan freuen sich über Kritik und Verbesserungsvorschläge. Man erreicht sie entweder in Bielefeld oder in ihrem Häuschen auf Bali. Das steht auf dem Gelände von „Pugig's Homestay", Penestanan, Ubud, Bali.